ラクなのに美味しい

驚異の弱火調理法

監修：山本千代子　著者：山本智香

この本を手に取っていただき
ありがとうございます。

この本は、私の母である山本千代子が、
昭和41年に研究を始めた独自の弱火調理法「山本式」を、
どなたにでもお気軽に試していただけるようにわかりやすくまとめた、
初めての本です。

母は福岡県久留米市内に料理教室を開き、
近隣にお住まいの方々に料理を教えてまいりました。
（今は娘の私が母とともに教室を運営しています）

看板も掲げず、ほとんど宣伝したことのない小さな料理教室ですが、
おかげさまで、20年、30年と長い間通ってくださる方々が多く、
お友達をお連れ下さったり、遠くは福井県で教室をご準備下さったりと、
48年間、教室を運営することができています。

正確な数はわかりかねますが、今まで授業を受けられた方の数は、
イベントや講演会も含めると約3万人以上になります。

山本式調理法は今までの調理の常識を覆す、まったく新しい方法ですので、
この本を読まれて戸惑われる方も多いかもしれません。

でも一度試していただければ、
失敗しようもないほどシンプルな調理法なのに
時間や手間をかけた料理より、
はるかに美味しいことに驚嘆されると思います。

そして作り続けていただくうちに、少しずつ味覚が変わり、
体が滋養に満ちて、ほっこりと和んでくるのがお分かりになるでしょう。

毎日の食事作りに悩まれている方、
そしてご家族の健康を願う多くの方々に
山本式調理法が少しでもお役にたちますよう、
心より願っております。

山本智香

目次

第七章

第八章

野菜などの分量について

レシピの野菜は、１個あたり以下の重量を目安にしています。

＊人参（小1本）	150g
＊キャベツ（小1枚）	40g
＊アスパラガス（1把）	100g
＊ブロッコリー（小1株）	200g
＊ピーマン（小1個）	30g
＊オクラ（1パック）	100g
＊ゴーヤ（1本）	200g
＊レタス（中1個）	500g
＊玉ねぎ（1個）	250g
＊茄子（1本）	80g
＊じゃが芋（1個）	
男爵芋	100g
メイクイーン	150g
＊さつま芋（小1本）	100g
＊里芋（中1個）	50～70g
＊長芋（1本）	600g
＊小松菜・ほうれん草（1把）	300g
＊ごぼう（小1本）	100g
＊大根（中1本）	1～1.5kg
＊白菜（中1株）	1～1.5kg

第1章

山本式ってなに？

What?

「山本式」調理法は、どこのお宅にも必ずある
最少の道具と調味料、素材を使い、
最もシンプルな手順で
最大限に素材の旨みと栄養を引出し、かつ、
加熱時に発生する過酸化脂質などを最小限に抑える、
画期的な調理法です。

母は約48年間にわたりこの調理法を研究・改良し続け
平成9年に特許(※)を取得しました。
調理法として特許を取得するのは、世界的に見ても
大変稀な事例と聞いております。

見ただけですぐに作り方がわかり、
失敗できないほど簡単ですので、
お料理が苦手な方、
年齢のため細かい作業ができなくなった方も
お料理を楽しむことができます。

また、身近にある普通の野菜で、
家族も驚くほど美味しい料理が出来あがります。

これを覚えればもう一生、
おかずに悩むことがなくなるでしょう。

※第2722050号「食物の調理方法」。ただしより多くの方に広めたいとの思いから
更新していないため、現在、特許は無効になっています。

山本式なら…

「何も考えずに作っても
味がぶれないので、疲れていても
料理が苦になりません」
（櫨川里江さん／ 58 歳）

野菜の持つ旨みや滋味(じみ)が生きた
とびきり**美味しい**料理が
どなたにでも簡単に作れます。

P109で、そのヒミツを解説！

「ピーマン嫌いだった娘が、
今では大好物です」
（片山直子さん／ 57 歳）

「以前に比べて体が軽く、
白髪も減って、若く見られる
ようになりました」
（弥永暢恵さん／ 69 歳）

食べ続けるほど、
どんどん**健康**になります。

P114で、そのヒミツを解説！

「少し体調を崩していたのですが、
最近はよく『元気そう』『肌のくす
みが消えた』と言われます」
（神崎利江子さん／ 41 歳）

「複数の料理が一度にできるのが、
一番助かります」
（緒方信子さん／71歳）

時間に追われず
ゆとりを持って
調理できます。

P118で、そのヒミツを解説！

「ガス代が１か月2000円にも
ならないので、集金に来てもらうのが
気の毒なくらいです」
（岩下眞理子さん／63歳）

調理中の燃費が節約できる
地球にやさしい調理法です。

P120で、そのヒミツを解説！

第2章

どうすればいいの？

How?

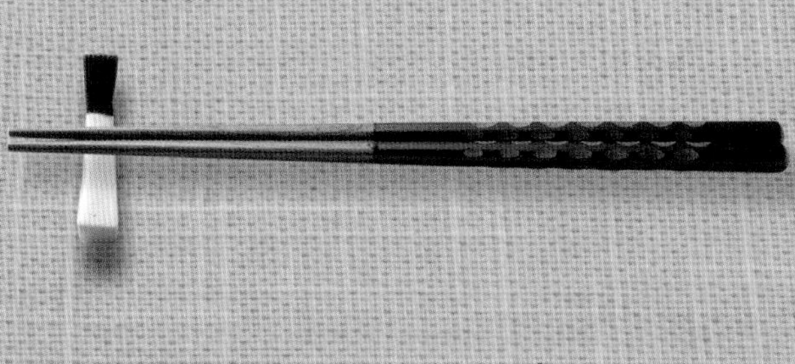

山本式の基本は、とてもシンプルな調理法。
まずはぜひ、基本の作り方を試してください。
これだけの手間で、
ここまで完成された深い味わいになることに驚かれることでしょう。

準備するもの

油

加熱用の良質なオリーブ油
（手に入らなければ、他の油でも）

塩

精製されていない、塩

お鍋

持っている鍋

蓋

鍋のサイズに合っていて、
ぴったり重なる蓋。

やることはたったこれだけ！

1 予熱をしていない鍋に油をひき、
分量の塩をパラパラと振ります。

2 素材の一部を先に入れ、塩と油を鍋底全体に
広げるようになじませます。

3 素材をすべて入れたら、
きっちりしまるサイズの
蓋をします。

4 弱火にし、火が通るまで
そのままにしておきます。

※鍋の大きさによって完成時間が異なります。
本書では直径 16cm ～ 18cm の鍋の完成時間を目安としています。

第3章

山本式で絶品！野菜レシピ

Cooking

季節の野菜で作る山本式のお料理を、素材別に基本のレシピと、

そのアレンジ例で紹介します。

◎野菜の分量	わかりやすいように個数などで表記していますが、正確な重量はP7でご確認ください。
◎塩の分量	山本式では使用する塩の量が少量でよいため、以下の量り方を目安にしてください ＊ひとつまみ…人差し指と親指と中指でつまんだ量（0.4g） ＊少々…人差指と親指とでつまんだ量（0.2g） ＊ごく少々…菜箸を塩の瓶に入れて箸先についた程度（ほんの数粒）
◎加熱時間	鍋の大きさや材質、野菜の大きさや採れる時期によっても変わってきます。各野菜の最初のページ「基本の加熱法」の「仕上がり目安」をご参考に調節してください。

人参のソテーごま風味

お砂糖なしで、人参にグラッセのような甘さが！

材料（2～3人分）

人参……………………………小1本
オリーブ油…………………… 大1
塩 ………………………………小1/5
いりごま……………………大3～4
好みで醤油

仕上がり目安

色が鮮やかになり艶が出て、箸にからむくらいの柔らかさになったらOK！

❶人参はせん切りにする。
予熱をしていない鍋にオリーブ油をひき、塩を振り、人参を入れる。蓋をして弱火にかけ、8～10分ほど山本式で加熱する。
❷人参に火が通ったら火を止める。
2分ほど蒸らす。
※ここまでが、山本式の基本の加熱法
❸いりごまをたっぷり加える。
これだけでも充分に美味しいが、好みで醤油等を加える。

動画でチェック！
【「山本式」基本の人参のソテー】
URL：http://youtu.be/pahB8pl5vnU

黄身のまわりの
盛り上がっている白身に
ほんの数粒の塩を振って
ほぐすと、きれいに混ざります!

人参たっぷりオムレツ

なめらかに仕上げるコツは、卵の混ぜ方。

材料(1個分)

- 人参 ……… 1/2本
- オリーブ油 …… 大1
- 塩 …………… 少々

- 卵 ……………… 3個
- 塩 ………… ごく少々
- オリーブ油 … 大2〜3

❶ P17の山本式で人参を加熱。
❷ボウルに卵を入れて塩を加えてほぐす。
❸フライパンにオリーブ油を入れて火にかけ、やや温めたら、2を流し入れて焼く。外から中に向かって、油を抱えこむように混ぜると、ふんわり!
❹卵が固まりかけたら1をのせて二つに折る。好みの固さまで火を通す。

お弁当
常備菜

クリームチーズや
モッツアレラチーズがあれば
ワインによく合うおつまみに。

キャロットラペ

アレンジがきくので、まとめて作っておくと便利。セロリでも美味♪

材料（2～3人分）

人参	小1本
オリーブ油	大1
塩	小1/5

ご自慢ドレッシング（P24参照）大4～5
あればレーズン、プルーン、ミックスナッツなど

❶ P17の山本式で人参を加熱。
❷ドレッシングを加える。
あればレーズン、プルーン、ミックスナッツなどを加えて混ぜ合わせる。

人参 ひとくちMEMO

人参に含まれるベータカロチンは、油脂とともに加熱調理されることで、体内でビタミンAに変わり、目や皮膚に潤いを補給。
1日に50g（卵大1個を目安に）を毎日召し上がると理想的です。
PCやスマートフォンの使い過ぎで眼精疲労の方には特にお勧め。

お弁当

常備菜

キャベツのおかか入りソテー

毎日でも食べたくなる美味しさ。キャベツのない季節は白菜やレタスでも♪

材料（４人分）

キャベツ …………… 1/4 個
オリーブ油 …………… 大 1
塩 ………………… 小 1/5

かつお節 … 1 パック 3 ～ 5g
好みで醤油 ………… 小 1/2

❶キャベツは約 5mm 幅のせん切りにする。
❷予熱をしていない鍋にオリーブ油をひき、塩を振り、キャベツを入れる。
蓋をして弱火にかけ、8 分ほど加熱する。
※ここまでが、山本式の基本の加熱法
❸かつお節をかける。好みで醤油を加える。

仕上がり目安

そのまま食べるなら、写真くらいの柔らかさに。揚げ物の付け合わせなどには、もっと歯ごたえを残してもＯＫ。

トマトなどを
そえてもおいしいです。

キャベツのココット

黄身を柔らかく仕上げてソースのようにからめても美味♪

材料（１人分）

- キャベツ……………………２枚
- オリーブ油…………………小１
- 塩…………………………少々

卵……………………………１個
醤油、ケチャップなど、好みの調味料

❶ P20の山本式でキャベツを加熱。
❷キャベツをドーナツ状にあけ卵を割り入れ、蓋をし、好みの固さになるまで弱火で加熱。好みの調味料をかけていただく。

キャベツ ひとくちMEMO

キャベツは細胞内のDNAを修復する働きのあるアブラナ科の植物で、アメリカ国立がん研究所の発表によると、そのなかでも、最も重要視されている野菜。キャベツに含まれるビタミンＵは、胃腸の傷ついた粘膜を修復したり、肝機能を強化するのに役立ちます。

お弁当
常備菜

ザワークラウト風キャベツ

酸味が苦手な人でも美味しく食べられる、やさしい味です。

材料（2～3人分）

- キャベツ……1/4個
- オリーブ油……大1
- 塩……小1/5

ローリエ（月桂樹の葉）……1枚
ソーセージ又はベーコン（ブロック） 100g程度

A
- 白ワイン酢またはりんご酢……大2
- はちみつ又はきび糖……大1
- 塩……小1/4
- 胡椒……少々

あれば、ピンクペッパー少々

❶キャベツは約5mm幅に切り、P20の山本式で8分ほど加熱。
❷ローリエ、ソーセージ又はベーコンをのせてさらに5分、蓋をして弱火で加熱。
❸上下を返したらAを加えてすぐに火を止める。

キャベツともやしのナムル風

このまま食べても美味しいですが、ラーメンの具にも最適！

材料（1人分）

- キャベツ……2枚
- オリーブ油……小1
- 塩……少々

もやし……40g
胡麻油、醤油、すりごま適量
好みでキムチ

❶キャベツは1cm幅に切り、P20の山本式で5分ほど加熱。
❷もやしをのせてさらに2分山本式を続ける。
❸胡麻油、醤油、すりごまなどを加え、上下を返す。好みでキムチを加える。

かけるだけで
山本式野菜が
一品料理に!

山本式・上級テク1

野菜をご馳走にするソースBest6

どんな
野菜にも合う!

【柔らかマヨネーズ】

- マヨネーズ・・・・・・・・・・ 大3
- 生クリーム・・・・・・・・・・ 小1
（又はコーヒーフレッシュ1個）
- はちみつ・・・・・・・・・・小1/4

さっぱり
好きなら、
こちらを♪

【サワークリーム風マヨネーズ】

- マヨネーズ・・・・・・・・・・・・・・ 大3
- 水切りヨーグルト・・・・・・・・・ 大2

酸っぱくないから、
子供にも人気

【ご自慢ドレッシング】

- E.V.オリーブ油・大3
- はちみつ・・・・・小1
- 白バルサミコ・・大2
（又はりんご酢大１）
- 塩・・・・・・・・小1/3
- 胡椒・・・・・・・少々
- 好みで粒マスタード 小1

酸味は
お好みの
かんきつ類で!

【初公開!自家製ぽん酢】

- 醤油・・・・・・・・・・・・・・・ 大2〜3
- 酢・・・・・・・・・・・・・・・・・・・・ 小1
- かんきつ類のしぼり汁・・・・・ 大6
- はちみつ・・・・・・・・・・・・ 大1〜2

ほんの少量
使うのがコツ!

【初公開!自家製たれ】

- 醤油・・・・・ 大3
- 胡麻油・・・ 小2
- いりごま・・ 小1
- 胡椒・・・・・・・・ 少々
- はちみつ・・ 大1〜2
- おろしにんにく小1/2

胡麻油の香りが
たまらない!

【くせになるネギ塩たれ】

- 白ネギみじん切り・・・・大2〜3
- 胡麻油・・・・大2
- おろしにんにく・小1/2
- 塩・・・・・・小1/4
- 胡椒・・・・・・・・・・少々

山本式・上級テク2

はちみつと葛粉（くずこ）をお勧めする理由

ミツバチが一生の間に集めることができるはちみつの量は、ティースプーン一杯だそうです。ミツバチの命の結晶と考えて、大事に使いましょう。

◎はちみつは、素材の栄養吸収を助けます

甘味をつけるなら白砂糖よりも、はちみつがお勧め。はちみつは皮膚の保湿作用を高め、胃の粘膜を保護する働きがあるだけでなく、一緒に使う素材の栄養吸収を助ける作用もあります。ただし乳幼児のお子様には与えられないので、その場合はメープルシロップやきび糖を使いましょう。

葛粉
しっかりとろみをつけたい時は、水溶き葛粉を加えた直後、少し強火にして、ちゃんと混ぜるのがコツです。

◎葛粉は体温の調節に役立ちます

山本式で加熱すると、野菜の水分がそのまま凝縮され、旨みと栄養たっぷりの煮汁となります。とろみをつけて汁ごといただきましょう。片栗粉より葛粉をお勧めするのは、葛粉は漢方の理論である寒熱に対応して体の不調を整えるためです。風邪薬の葛根湯（かっこんとう）の原料は、葛。葛粉はそのままでは溶けないので、必ず指定量の水で溶きましょう。

お弁当

常備菜

アスパラガスのソテー レモンバター風味

いんげんやオクラでも美味♪

材料（2～3人分）

アスパラガス……………………1把
オリーブ油……………………大1
塩……………………ひとつまみ
レモン汁……………………小1～2
バター……………………大1
塩、胡椒、あれば、ピンクペッパー少々

❶アスパラガスは根元の固い部分を切る。根元から5cmくらいまでピーラーで固い皮をむき、4～5cm長さに切る。
❷予熱をしていない鍋にオリーブ油をひき、塩を振り、アスパラガスを入れる。蓋をして弱火にかけ、5分ほど加熱する。
※ここまでが、山本式の基本の加熱法
❸火を止めてバターをのせ、レモン汁をふりかけ、塩胡椒して上下を返す。

仕上がり目安

アスパラガスの表面に水滴がついて、緑が鮮やかになったらＯＫ。

アスパラガスとホタテのソテー

どちらも実は、スタミナ素材。疲労回復にはお肉より効果的かも！？

材料（２人分）

アスパラガス………………… 1把
オリーブ油……………………大１
塩…………………… ひとつまみ

ホタテ刺身用……………… ２～３個
あれば白ワイン……………………大１
塩、胡椒

❶アスパラガスはP26の１と同様に下ごしらえをし、ホタテは薄くそぎ切りにする。
❷ P26の山本式でアスパラガスを加熱。
❸その上にホタテを重ね、あれば白ワインをかけ蓋をして弱火で１分加熱。塩、胡椒で味をととのえる。

アスパラガス ひとくちMEMO

アスパラガスには、その名の通りアスパラギン酸が含まれており、疲労回復に効果的。そのほか、アンチエイジング作用や、利尿作用があり、腸内免疫機能を向上させる成分も多く含みます。

玉ねぎの切り方がポイント!
P 87の方法で切ってみて

アスパラガスとグレープフルーツのマリネ

生玉ねぎが二つの素材のまとめ役に。ブロッコリー、カリフラワーでも美味♪

材料（3～4人分）

アスパラガス……………………1把
オリーブ油………………………大1
塩………………………ひとつまみ

ご自慢ドレッシング（P24 参照）…………大5
玉ねぎ薄切り………………………1/4 個
グレープフルーツ…………………1個

❶ P26 の山本式でアスパラガスを加熱。
❷玉ねぎ薄切りと、薄皮をむいたグレープフルーツ、ドレッシングを合わせる。

ブロッコリーのソテー　ネギ塩たれ添え

根元、茎、つぼみ、それぞれの甘さと歯ざわりの違いを堪能できるレシピです！

材料（2～3人分）

ブロッコリー……………………小1株
オリーブ油………………………大2
塩………………………………ひとつまみ
ネギ塩たれ（P24参照）…………適量

房の根元に切れ目を入れ、指で裂く。つぼみの部分には包丁を入れないこと。

茎の部分に水滴が滲み出て来たらOK。少し焦げ目がついても良い。

❶ブロッコリーの根元の固い部分はピーラーで皮をむいて乱切りにする。
❷予熱をしていない鍋にオリーブ油をひき、塩を振り、茎部分を入れる。蓋をして弱火にかけ、2分ほど加熱する。
❸つぼみの部分を入れ、更に4分ほど加熱する。
※ここまでが、山本式の基本の加熱法
❹上下を返して2分蒸らす。
ネギ塩たれを添える。

お弁当

常備菜

ブロッコリーときのこのソテー

ブロッコリーの甘味にエリンギの旨みがプラスされて、美味しさが何倍にも！

材料（2～3人分）

ブロッコリー	1/2 株
エリンギ	1本
オリーブ油	大2
塩	ひとつまみ
醤油	小1～2
みりん	小1～2

❶エリンギは食べやすい長さに切り、手で裂いておく。ブロッコリーは P29 の方法で切り分けておく。

❷ P29 の山本式でブロッコリーの茎部分とエリンギ、つぼみ部分を加熱。

❸火を止め、醤油とみりんを加える。上下を返して２分蒸らす。

ブロッコリー ひとくち MEMO

ブロッコリーに含まれるスルフォラファンは、発がん性物質を抑制する作用があります。ただし、よく噛むことでその作用が強くなるので、噛んで召し上がる料理に仕上げてください。

ブロッコリーとツナの味噌マヨ和え

ツナ＆味噌マヨは、どんな野菜も劇的に美味しくします！まずはブロッコリーで試してみて！

材料（２～３人分）

ブロッコリー	1/2 株
オリーブ油	大 2
塩	ひとつまみ
ツナ缶又は鮭缶（固形量 40g 程度）	1缶

【味噌マヨネーズ】

味噌	大 3
マヨネーズ	大 4
はちみつ又はきび糖	小 2/3

❶ブロッコリーは P29 の山本式で加熱。
❷火を止め、ツナ缶又は鮭缶を加え、上下を返して 2 分蒸らす。
❸味噌マヨネーズで和える。

山本式・上級テク3

「カンタンだし汁」を使えば、もっとヘルシーに！

山本式は野菜そのものの旨みを引き出すので、だしを使わなくても美味しく作れます。でも中には、だしを使ったほうがより美味しくなるレシピもあります。また、だしには素材の生命の源ともいえる大切なエキスがたっぷり含まれていますので、とても体にいいものなのです。「だしをとるなんて面倒」と思われるかもしれませんが、簡単に“最高のだし”がとれる方法をお教えしましょう。一度この方法でだしをとりはじめると、簡単で何でもおいしくなるので、自然にだしをとりたくなりますよ！

昆布には、ラミニンという血圧を下げる働きのある成分や、高血圧の予防になるというアルビン酸という成分、塩分の摂りすぎを抑え、脳卒中を防いでくれるアルギン酸などが含まれています。生活習慣病を予防したい方は昆布を入れたまま煮出して、さらに成分を抽出させましょう。

基本のだし

◎一番だしのとり方　(3カップ分)

❶だし昆布6gは660ccの水に最低30分程度浸けておき、中火にかけて鍋肌に泡が出てきたら取り出す。

❷①にかつお節10gを加えて火を止め、自然に沈んだら（40分ほどかかる）ザルなどでこして使う。決して焦ってゆすったり、絞ったりしないこと。

◎二番だしのとり方(1.5カップ分)

一番だしのだしがらと水330ccを火にかけ、沸騰したら火を弱め3〜4分煮出し、こして使う。

いりこだしの金色は、ビタミンB群の色！ぼこぼこと沸騰させてしまうと、魚臭い白く濁っただし汁となり、悲しい料理になってしまいます。どうか美しい金色を目指して下さい。

いりこだし

いりこの頭とはらわたは、苦味やアクのもとだから、と捨てていませんか？でもここはミネラルを多く含み、ＤＨＡやＥＰＡだって含まれる部分なので、捨ててしまうのはあまりにももったいない！　頭とはらわたをつけたままでおいしいだし汁を取ることができる、ヒミツの方法をお教えしましょう。

◎いりこだしのとり方（約5カップ分）

水……………… 1100cc
いりこ……………… 25g
酒……………… 小2
塩……………… 小 1/5

❶水1100cc、いりこ25g、酒小さじ2、塩小さじ1/5を鍋に入れ、時間をおかずにすぐに火にかける。このとき蓋はしないこと。

❷最初は中火で火にかけて、沸騰し始めたらごくごく弱火、いりこが泳がない程度の火加減でコトコト煮出す。30分ほど煮出せば、美味しい、美しい金色のだし汁の出来あがり。

冷凍
お弁当
常備菜

ピーマンのおかか煮

ピーマン嫌いも思わず笑顔になっちゃう美味しさ。ししとうでも美味♪

材料（2〜3人分）

ピーマン	2〜3個
オリーブ油	大1
塩	少々
みりん	小1
かつお節	1パック 3g 程度
好みで醤油	小1/2

仕上がり目安
箸でつかむとしんなりして、鍋底に少し水分がたまっている状態。

❶ピーマンはP89の方法でせん切りする。
❷予熱をしていない鍋にオリーブ油をひき、塩を振り、ピーマンを入れる。蓋をして弱火にかけ、3〜5分ほど加熱する。
※ここまでが、山本式の基本の加熱法
❸2にみりん、かつお節、好みで醤油を加えて一混ぜする。

冷凍
お弁当
常備菜

ピーマンとちくわの炒め煮

ちくわの旨みが、ピーマンの甘さをひきだします。

材料（2～3人分）

- ピーマン……………… 2～3個
- オリーブ油………………大1
- 塩………………………少々

ちくわ……………………1/2本
みりん……………………小1
好みで醤油………………小1/2

❶ピーマンは P34 の山本式で 5 分加熱。
❷ 1 にみりん、ちくわ、好みで醤油を加えて一混ぜする。

ピーマン
ひとくち MEMO

ベータカロチン含有量はトマト以上で、ビタミン C はレモン以上。
高血圧や肝臓障害を予防するビタミン P も豊富。
葉野菜が少ない夏には貴重なお野菜です。調理が簡単なのも魅力的。

冷凍
お弁当
常備菜
夜食

ラタトゥイユ

トマトの酸味を消す特別な作り方。野菜の甘味が凝縮された絶品です！

材料（2人分）

玉ねぎ…………1/2個
パプリカ…………1/2個
ピーマン…………1個
茄子…………2本
オリーブ油（下処理用）大2
オリーブ油…………大2
塩…………小1/4
ベーコン（ブロック）……80g
にんにく…………1かけ
オリーブ油…………大1
ホールトマト……1/2カップ
トマト…………1/2個
ローリエ（月桂樹の葉）
…………2〜3枚
塩、胡椒

❶にんにくは薄く切っておき、ベーコンは1cm角に切る。
❷にんにく以外の野菜は2〜3cm角に切る。茄子は水にさらさず、すぐにオリーブ油（下処理用）をかけておく。
❸P34の山本式で玉ねぎ、茄子、パプリカの順に重ねて10分、ピーマンをのせてさらに1分、加熱。
❹3を加熱している間に、別鍋ににんにく、オリーブ油、ベーコンを入れ、ゆっくりと弱火で焼く。
❺4の鍋からベーコンを取りだし、ホールトマト、生のトマトを入れて軽く火を通し、ローリエを加えて7分ほど弱火で煮る。
❻3と5、取り出したベーコンを一緒にして塩、胡椒で味をととのえる。

ここがポイント!

野菜とは別鍋で、トマトを弱火で煮込むのが最大のコツ。このひと手間でトマトの酸味が消えて、野菜の甘味だけがぎゅっと凝縮されます。

オクラの明太マヨネーズあえ

明太マヨネーズとオクラの色鮮やかな一皿。茹でたてのパスタにのせても美味！

材料（２人分）

オクラ……………………1パック
オリーブ油……………………大1
塩……………………少々

【明太マヨネーズ】
明太子……………………1/4～1/2腹
マヨネーズ……………………大２～３

❶オクラはヘタを取り、斜めに切る。
❷予熱をしていない鍋にオリーブ油をひき、塩を振り、オクラを入れる。蓋をして弱火にかけ、４分ほど加熱する。
※ここまでが、山本式の基本の加熱法
❸明太子とマヨネーズを混ぜ、あら熱を取ったオクラにかける。

仕上がり目安

しんなりする前に火を止め、１分程度、蓋をしたまま余熱で仕上げる。
色が鮮やかになり、うぶ毛がしっとり濡れて来たらＯＫ。

冷凍

夜食

オクラのすり流し汁

喉ごしのいい、滋味あふれる汁物。体調の悪い時にもおすすめです。

材料（4人分）

オクラ	1/2 パック
オリーブ油	大 1/2
塩	少々
だし汁又は水	1カップ
長芋すりおろし	2カップ
塩	小 1/2

❶オクラはヘタを取り、薄く小口に切る。

❷ P37 の山本式で 2 分ほど加熱。

❸ 2にだし汁又は水、長芋すりおろし、塩を加え、味をととのえる。だし汁を用いない場合は醤油をごく少量加える。

オクラ
ひとくち MEMO

オクラのネバネバ成分であるペクチンやムチンは、
腸を整え便通を良くする働きがあります。
そのため、体に脂肪が溜まるのを防ぐ効果が期待できます。
茹でると失われる成分が多いので山本式での加熱がお勧め。

オクラの納豆和え

納豆好きの人は、納豆を増量してもOK。いんげんやアスパラガスでも美味。

材料（2〜3人分）

オクラ	1パック
オリーブ油	大1
塩	少々
納豆	大2〜3
醤油又はぽん酢	

❶オクラはP37の山本式で加熱。
❷火を止めてあら熱を取ったら、納豆、醤油又はぽん酢を加えて一混ぜする。

冷凍

お弁当

常備菜

ゴーヤの甘酢煮

甘酢効果でゴーヤの苦みが薄まり、フルーティな味わいに。苦手な方にも。

材料（3～4人分）

ゴーヤ……1/2本
オリーブ油……大1
塩……少々

酢……大1
はちみつ又はきび糖……大1.5
塩……少々
あれば生姜すりおろし……小1/2

❶ゴーヤはP90の方法で切る。
❷予熱をしていない鍋にオリーブ油をひき、塩を振り、ゴーヤをのせる。蓋をして弱火にかけて7～10分ほど加熱する。
※ここまでが、山本式の基本の加熱法
❸2に酢、はちみつ又はきび糖、塩、生姜すりおろしを加える。煮汁がほぼなくなるまで煮つめる。

仕上がり目安

表面の色が変わり、中の果肉部分に透明感が出て来たらＯＫ。

ゴーヤチャンプル

ゴーヤの苦みをふわふわの豆腐と卵でくるんだ、やさしい味。

材料（4人分）

- ゴーヤ……1本
- 玉ねぎ……1/2個
- オリーブ油……大2～3
- 塩……ひとつまみ

豚薄切り肉……100g
（またはベーコンやスパム60g）
木綿豆腐……1/2丁
（柔らかいようなら少し水切りする）
卵……2個
みりん……小1/2
好みで醤油

❶ゴーヤはP90の方法で切る。玉ねぎは約3mm幅のせん切りにする。豚薄切り肉は約2cm幅に切る。ベーコンやスパムはもう少し細めに切る。豆腐は一口大に切る、又はちぎる。

❷玉ねぎ、ゴーヤの順に入れてP40の山本式で加熱。

❸鍋にスペースをあけて豚薄切り肉を入れて軽く炒める。みりん、好みで醤油を加える。

❹豆腐を加え、卵を溶き入れて火を通す。

ここがポイント!

豚肉は一気に入れず、少量ずつ炒めると、臭みが出ず柔らかく仕上がる。

お弁当

常備菜

ゴーヤの鴫(しぎ)焼き

ゴーヤのように個性が強い野菜は、甘みそ味と好相性。

材料（4〜6人分）

- ゴーヤ……1/2本
- オリーブ油……大2
- 塩……ひとつまみ
- 茄子……2本
- オリーブ油（下処理用）……大2〜3

A
- 味噌……大1
- みりん……大2〜3

B
- だし汁又は水……大5〜6
- 葛粉……小1

刻み唐辛子……好みの量で

❶茄子は1cm厚さに切り、オリーブ油をかけておく。ゴーヤはP90の方法で切る。

❷P40の山本式で、ゴーヤ、茄子の順に入れて加熱。

❸Aを加えて味をつけ、Bを混ぜ合わせたものを加えてとろみをつける。刻み唐辛子をトッピングする。

ゴーヤ ひとくちMEMO

抗酸化&血管の老化防止作用のあるビタミンCが、トマトの5倍も含まれ、体のほてりを取る作用は抜群！

レタスのホットサラダ

サニーレタス、サンチュでも美味♪

材料（2人分）

レタス ……………… 1/4 個
オリーブ油 …………… 大 1
塩 ……………………… 少々

レモン汁 ……………… 適量
塩、胡椒 ……………… 適量
ローストしたナッツ類 … 適量

❶レタスは芯を取って、5cm 角くらいにちぎる。
❷予熱をしていない鍋にオリーブ油をひき、塩を振り、レタスを入れる。蓋をして弱火にかけ、3 分ほど加熱する。
※ここまでが、山本式の基本の加熱法
❸レモン汁、塩、胡椒、ローストしたナッツ類を加える。

仕上がり目安

レタスの葉に水滴がたまり、色が鮮やかになりしんなりしたら OK。

レタスのカニ缶あえ

山本式レタスが、カニでさらにグレードアップ！

材料（2人分）

レタス	1/4個
オリーブ油	大1
塩	少々

カニ缶　ホタテ缶、
コンビーフなど …… 30g前後

好みで醤油やラー油

❶レタスはP43の山本式で3分ほど加熱したら、カニ缶又はホタテ缶又はコンビーフを加え、さらに1分、山本式を続ける。

❷火を止め、好みで醤油、ラー油をかける。

レタス ひとくちMEMO

レタスには女性を美しくするビタミンEが豊富です。
切ったときに出る白い汁には、母乳の出をよくする成分が含まれますので、授乳中の方には特にお勧め。

レタスと豆腐のスープ

山本式なら、スープにしてもレタスはシャキシャキ。

材料（４人分）

- レタス……………………1/4 個
- オリーブ油………………大 1
- 塩…………………………少々

アサリ水煮缶 40g（1 缶）
※汁ごと

豆腐……………………1/4 丁
水………………………3 カップ
塩………………………小 1/4
醤油……………………小 1 ～ 2
ラー油…………………少々

❶レタスは P43 の山本式で 1 分ほど加熱。アサリ水煮（汁ごと）、豆腐を加えてさらに 1 分山本式を続ける。
❷水を加えて火を強め、沸騰したら、塩、醤油、ラー油を加え、味をととのえる。

～教室の生徒さんの声から～

山本式の、ここがすごい！①

「とろ火にするだけで、
お野菜がこんなに美味しく
なるのにびっくりしました」
（佐古葉子さん／76歳）

「調味料を
ほとんど使わなくても
美味しくなるので、
感動しています」
（木庭恵さん／65歳）

「単なる油炒めではそんなに量が食べられないが、
山本式は野菜が甘くなるのでたくさん食べられる。
そのせいか、体が丈夫になっている気がする」
（澤田俊夫さん／62歳）

「以前は体重が増え続けていましたが、
山本式を始めてから増えていません。
肉より野菜が好きになったせいかも」
（三小田迅人さん／56歳）

「以前より
血圧・コレステロールの
値が安定するように
なりました」

（北村照子さん／71歳）

「少量でも満足度が高いので、
大食いだった主人が
小食になりました」
（小川憲子さん／66歳）

「作るたびに
わくわく感があります」
（福成孝子さん／65歳）

「山本式は台所が
本当に汚れなくていいです」
（時枝智子さん／69歳）

冷凍
お弁当
常備菜

おすしなどでおまけに
ついてくるガリでも
美味しいですよ

きのこの紅生姜あえ

きのこは何種類かミックスすると、相乗効果で旨みがアップ。

材料（2～3人分）

えのき、しめじ、マイタケ、生椎茸、エリンギなどを合わせて……200g
オリーブ油……大1
塩……小1/5

紅生姜　20g　※ガリ40gでもOK

❶えのき、しめじ、マイタケ、生椎茸は石づきを取り、小房に分ける、又は切る。エリンギは縦にさいて他のきのこの大きさに合わせて切る。
❷予熱をしていない鍋にオリーブ油をひき、塩を振り、きのこを入れる。蓋をして弱火にかけ、2分ほど加熱。
※ここまでが、山本式の基本の加熱法
❸火を止め、紅生姜を合わせる。

仕上がり目安

（左）加熱前。えのきは細かくほぐしておくのがコツ。
（右）加熱前の半分くらいの量になり、箸にからむ柔らかさが目安。

きのこ奴

それだけで美味しい「山本式ミックスきのこ」は、ご飯やお豆腐にかけても◎！

材料（２人分）

- えのき、しめじ、マイタケ、生椎茸、エリンギなどを合わせて ……… 100g
- オリーブ油 ………………… 大 1/2
- 塩 ………………………… ひとつまみ

豆腐 ……………………………… 1丁
好みで醤油、オリーブ油、ネギ

❶きのこを P48 の山本式で加熱。
❷火を止めてあら熱を取ったら豆腐にのせる。
好みで、醤油とオリーブ油（同量）を混ぜたもの、ネギをかけても OK。

きのこ ひとくち MEMO

きのこ類は食物繊維が豊富で、便秘を解消する働きがあります。
最も多く含むのはエリンギです。
また、ビタミン B1 が豊富でエネルギー代謝を良くしてくれるので、疲労回復に効果的。秋を感じさせる香りが食卓を豊かにしてくれます。

冷凍

夜食

きのことわかめの味噌汁

「山本式ミックスきのこ」で油を使うので、コクが出て和風スープのような味わいに。

材料（４人分）

えのき、しめじ、マイタケ、生椎茸、エリンギなどを合わせて……100g
オリーブ油……大１
塩……ひとつまみ

だし汁又は水……３カップ
わかめ（乾物なら2g、塩わかめなら10g）
味噌……大３～４
ネギなど薬味……適量

❶わかめを水に浸けてもどす。
❷きのこはP48の山本式で加熱したら、蓋を取り、だし汁又は水を加えて火を強める。
沸騰したらわかめを加える。
❸火を止めて、味噌を溶き入れる。

海老とマッシュルームのアヒージョ

マッシュルームと海老の旨みが溶け込んだオイルも美味。

材料（2～3人分）

マッシュルーム	8個
オリーブ油	大2
塩	少々
おろしにんにく	小1
海老	12尾
塩、胡椒	少々
仕上げのオリーブ油	大2

❶マッシュルームは2つに切る。海老は背わたと殻を取り、海水くらいの塩分濃度の塩水で洗い、水気を拭き取り、塩、胡椒を振っておく。

❷予熱をしていないフライパンにオリーブ油をひき、塩を振り、マッシュルーム、海老をのせ、おろしにんにくを入れる。蓋をして弱火にかけ、3分ほど山本式で加熱。

❸上下を返して更に1分山本式を続けた後、火を止めて蒸らし、盛り付ける時にオリーブ油を足す。

冷凍

夜食

きのことベーコンのパスタ

「山本式ミックスきのこ」があれば、からめるだけで絶品パスタが！

材料（2人分）

- えのき、しめじ、マイタケ、生椎茸 エリンギなどを合わせて……200g
- ベーコン……50g
- オリーブ油……大1
- 塩……小1/5
- おろしにんにく……小1

パスタ……160g
（パスタ用の塩　適量）
塩、胡椒、パルメザンチーズ、パセリ 適量

❶ベーコンを細く切っておく。
❷きのこはP48の山本式で2分加熱。きのこのかさが減ったら、ベーコンとおろしにんにくをのせて蓋をして、1分間、山本式を続ける。
❸2に茹でたパスタを加えて、上下を返し、塩、胡椒、好みでパルメザンチーズを加えて味をととのえたらパセリをあしらう。

ご飯にのせたり、
味噌汁に入れたり、
さまざまな食べ方で楽しんで！

玉ねぎの山本式

このままでも美味しく、お料理の「素」としても使えます！

材料（2〜3人分）

玉ねぎ	1個
オリーブ油	大1
塩	小1/5

❶玉ねぎはせん切りにする。
❷予熱をしていない鍋にオリーブ油をひき、塩を振り、玉ねぎを入れる。蓋をして弱火にかけ、10〜15分ほど加熱する。

仕上がり目安

透明感が出てしんなりし、
水分が出て来たら完成！

冷凍

常備菜

市販のトマトソースをベースに
この方法でミートソースを
作るとさらにお手軽♪

絶品！ミートソース

最高に簡単、そして最高に美味しいミートソースです！

材料（4人分）

	玉ねぎ	1個
	オリーブ油	大1
	塩	小1/5
A	おろしにんにく	大1
A	トマトホール	1缶400g
A	ローリエ（月桂樹の葉）	1枚
B	合挽き肉	200g
B	オリーブ油	大2
	ウスターソース又は中濃ソース	小1～2
	塩、胡椒	適量
	パスタ	320g
	（パスタ用の塩　適量）	
	好みでパルメザンチーズ	適量

❶玉ねぎはみじん切りにして、P53の山本式で8分ほど加熱。

❷1にAを加えて15～20分ほど、途中で何度かかき混ぜながら煮詰める。その間に、合挽き肉にオリーブ油をかけてほぐしておく。

❸鍋の中身を寄せてスペースを作り、Bの肉を少しずつ入れた後、ウスターソース又は中濃ソースを加える。

❹肉の色が変わったら5分ほど煮てなじませ、塩、胡椒で味をととのえる。

ここがポイント！

玉ねぎを寄せてスペースを作り、肉を少しずつ入れます。

フライパンに付きっきりで
炒める必要なんてナシ!

ほったらかしオニオンスープ

パンとチーズをのせオーブンで5分焼けば、オニオングラタンスープに！

材料（4人分）

- 玉ねぎ……2個
- オリーブ油……大2
- 塩……小2/5
- 鶏ささみ（できれば筋を取る）……2本

ブランデー又はウィスキー
又は白ワイン……1/5カップ
水……3カップ
ローリエ（月桂樹の葉）……1枚
塩、胡椒
チーズ（モッツァレラ、パルメザン）など……適量

❶鶏ささみは食べやすい大きさに切り、せん切りにした玉ねぎの上にのせ、P53の山本式で20分ほど加熱。

❷1にブランデー又はウイスキー又は白ワインを加えてひと煮立ちさせ、水とローリエを加えて弱火で30分ほど煮る。塩、胡椒で味をととのえ、チーズを加える。

夜食

葛でまとめることで、
丼の下に汁がたまらず
卵とご飯に一体感が!

ヒミツの卵丼

一度食べたら忘れられない、誰もが大絶賛する卵丼のコツを初めて公開します！

材料（1人分）

	玉ねぎ	60g（1/4個分）
	オリーブ油	小1
	塩	少々
だし汁		1/2カップ
A	醤油	小1～2
A	酒	小1
A	みりん	小1～2
B	水	大1
B	葛粉	小1
卵		1個
ご飯		丼1杯分
三つ葉		適量

❶玉ねぎはせん切りにする。三つ葉は適宜に切る。
❷玉ねぎをフライパンまたは浅い鍋に入れ、P53の山本式で5分ほど加熱。
❸2にだし汁とAを加え、さらにBを加えてとろみをつける。
❹卵をほぐして、3にかけまわしながら加える。三つ葉を加え、蓋をして、少し火を強めて卵を半熟状にする。
❺炊きたてのご飯の上にのせる。

夜食

とろけそうな明太オムレツ

トロトロの山本式玉ねぎと半熟卵、そして明太子のクリーミィなハーモニー♪

材料（1個分）

玉ねぎ	1/2個
オリーブ油	大1
塩	ひとつまみ
生クリーム	大2
ほぐした明太子	1/2腹
卵	4～5個
塩、胡椒	
オリーブ油	大3～4
あればフェンネル	

❶玉ねぎはせん切りにして、P53の山本式で15分ほど、加熱。
❷1に生クリーム、明太子を加える。
❸卵に塩、胡椒し、混ぜておく。
❹フライパンにオリーブ油をひき、卵を流し入れる。卵が固まりかけたら、2をのせて二つに折る。焼き加減はお好みで♪

玉ねぎ ひとくちMEMO

切る時の涙の原因・硫化アリルには、疲労回復、食欲減退予防作用などの効果があります。
また、加熱することによって筋肉疲労を軽減する作用がうまれます。

茄子の煮びたし　おろしかけ

山本式の茄子は焼いても身がやせず、ふっくらジューシー。

材料（３人分）

茄子 ………… ２本
オリーブ油
（下処理用）‥‥ 大２
オリーブ油 ‥‥ 大２
塩 ………… 小1/5

大根おろし１カップ弱
小ネギの小口切り
醤油又はぽん酢又は
麺つゆ

❶茄子はヘタを取り、ところどころ皮をむいて1cm厚さに切り、オリーブ油（下処理用）をかけておく。

❷予熱をしていないフライパンにオリーブ油をひき、塩を振り、１の茄子を並べる。蓋をして弱火にかけ、５分ほど加熱する。上下を返して更に３分ほど山本式にする。

※ここまでが、山本式の基本の加熱法

❸皿に盛り付け、大根おろしを添え、小ネギをあしらう。醤油、又はぽん酢、又は麺つゆなどを好みでかける。

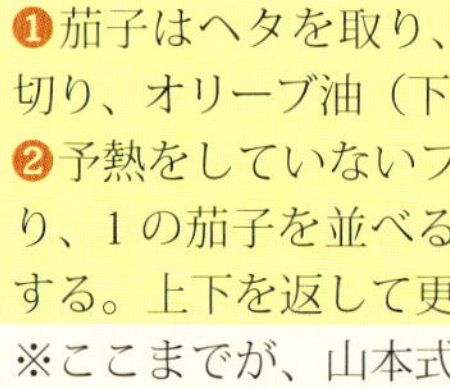

切ってすぐにオリーブ油をかけておくと、加熱した時に必要以上に油を吸収しない。

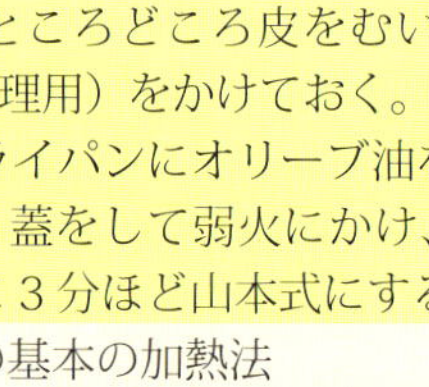

全体的に透明感が出て来たら、軽く上下を返して完成！

麻婆茄子

こんなにシンプルな調味料で、絶品の中華が完成するのに感動するはず！

材料（2～3人分）

- 茄子 …… 2本
- オリーブ油（下処理用）大2
- オリーブ油 …… 大2
- 塩 …… 小1/5

A
- 豚ひき肉 …… 150g
- 胡麻油 …… 大1
- 醤油 …… 大2
- みりん …… 大2

豆板醤 …… 小1～2

B
- 水 …… 大3
- 葛粉 …… 小1

❶茄子をP58の山本式で下処理し、加熱。
❷Aを合わせておく。
❸茄子をフライパンの片側に寄せてスペースを作り、2を何回かに分けて入れて火を通す。
❹豆板醤を加え、Bを加えてとろみをつける。

茄子 ひとくちMEMO

皮の紫色は老化防止効果のあるポリフェノールの色。ビタミンCと一緒に摂るとコラーゲン生成がスピードアップ。また、茄子のアクが夏の疲れをとり、秋の健康を守ります。

煮こみ時間
5〜10分なら「さっぱり」
10〜15分なら「コク旨」

茄子とトマトのパスタ

「夏向きのさっぱりタイプ」「秋冬向きのコクのあるタイプ」どちらも作れるレシピ！

材料（4人分）

- 茄子……1〜2本
- オリーブ油（下処理用）……大2
- オリーブ油……大2
- 塩……小1/5

- 玉ねぎ……1/2個分
- オリーブ油……大1
- 塩……小1/4

- トマト……大きめ1個
- ホールトマト……1/2カップ
- おろしにんにく……小1
- ウスターソース……小1
- 塩、胡椒
- パスタ……320g
- （パスタ用の塩　適量）
- パルメザンチーズ……大2
- あればバジル

❶茄子をＰ58の山本式で下処理し、加熱しておく。

❷玉ねぎはみじん切りにして（P87参照）、Ｐ53の山本式で加熱。

❸トマトは湯むきして1cm角に切っておく。２の鍋におろしにんにく、トマト、ホールトマトを加え5分〜15分ほど弱火で煮詰め、ウスターソース、塩、胡椒で味をととのえる。

❹茹でたパスタにソースをからめて皿に盛り、茄子を添え、パルメザンチーズをかける。あればバジルの葉を散らす。

※芋類は焦げやすいので、
テフロン加工の鍋がお勧めです。

さつま芋のオリーブオイル焼き

山本式でお芋を加熱すると、甘味がより濃厚になるので、デザートにも！

材料（2人分）

さつま芋……………………小2本
オリーブ油…………………大1
塩……………………………小1/5

あればホイップクリーム又はアイスクリーム、ミント

仕上がり目安

皮のすぐ内側がうっすら色がつき始めたら、裏返す。

❶さつま芋はよく洗って皮付きのまま5mm厚さに輪切りする。

❷予熱していない鍋にオリーブ油をひき、塩を振り、さつま芋を並べる。蓋をして弱火にかけ、10〜12分ほど加熱する。

※ここまでが、山本式の基本の加熱法

❸火を止めてあら熱を取る。ホイップクリームやアイスクリーム、ミントとともに盛り付ける。

冷凍
お弁当
常備菜

里芋田楽

香ばしいごまみそは、どんなお芋にもよく合います。

材料（４皿分）

里芋 ……………………… 3～4個
オリーブ油 ………………… 大1
塩 …………………………… 小1/5

【ごまみそ】
みりん ……………………… 大3
味噌 ………………………… 大2
練りごま …………………… 大2

❶里芋は皮をむき、1cm厚さに輪切りする。
❷P61の山本式で12分ほど加熱。
❸別鍋にみりんを入れる。沸騰したら火を止めて味噌を加えて練り、もう一度弱火にかけ1分ほど練る。火を止めて練りごまを加えてごまみそをつくる。
❹里芋にごまみそを添えて盛る。

里　芋
ひとくち MEMO

里芋に含まれるグルクロン酸は、肝臓の解毒作用を高めてくれるので酒の肴には最適。男性に里芋好きが多いのもうなずけます。

ご飯の上に、
目玉焼きといっしょに
乗せても美味♪

長芋のソテー

角切りで山本式にした長芋は、初めて味わう不思議食感！

材料（4人分）

- 長芋 ……………………… 1/2本
- オリーブ油 ………………… 大1
- 塩 …………………………… 小1/5
- ローズマリー ……………… 1枝

ベーコン（ブロック）……………… 50g
塩、胡椒

❶長芋は皮をむき、1cm角に切る。
❷ローズマリー、長芋をP61の山本式で7〜8分加熱する。途中で上下を返す。
❸鍋にスペースをあけて角切りにしたベーコンを入れ、さらに2分山本式を続ける。塩、胡椒で味をととのえる。

長芋 ひとくちMEMO

芋の中では、唯一生食ができる芋です。
消化酵素であるジアスターゼと疲労回復効果のあるムチンが豊富なので、疲れたときにお勧め。

冷凍

夜食

醤油の隠し味で、和風の
おかずとも調和する
グラタンに!

里芋のグラタン

ホワイトソースいらず！材料を足していくだけの超カンタンで美味しいグラタン。

材料（４人分）

	里芋	5～6個
	長ネギ	1本
	オリーブ油	大2
	塩	小1/5
A	バター	大1
A	醤油	大1
A	胡椒	少々
B	生クリーム	1/3カップ
B	牛乳	1/3カップ
B	塩、胡椒	少々
	パルメザンチーズ	大3～4

❶里芋は皮をむき、1cm厚さに輪切りする。長ネギは斜めに薄切りにする。

❷P61の山本式で、里芋、長ネギの順に入れ12分ほど加熱。

❸里芋が完全に柔らかくなったら、Aを加えて味をからませる。

❹耐熱皿に3を入れ、混ぜ合わせたB、パルメザンチーズを振りかけ、200度のオーブンで10～15分程焼く。またはオーブントースターで焼き色をつける。

冷凍
お弁当
常備菜

里芋のそぼろ煮

山本式で加熱すると、煮くずれせずきれいな仕上がり。

材料（4人分）

里芋……………3～4個
玉ねぎ……………1個
オリーブ油…………大2
塩………………小1/3

だし汁又は水…………2カップ
せん切り生姜………10～15g
鶏ひき肉………100～150g
グリンピース…………大2～3

A
水………………大2
葛粉………………小2

好みで醤油

❶里芋は一口大に切る。玉ねぎはくし切りにする。
❷P61の山本式で玉ねぎ、里芋の順に重ね、15～20分ほど加熱。
❸2にだし汁又は水、グリンピースを加え中火にして、だし汁が煮立ってきたら火を弱めて、10分ほど煮て味をしみ込ませる。
❹生姜のせん切りを加え、鍋にあきを作り、鶏ひき肉を加え、火を通す。
❺Aを混ぜて4に加え、とろみがついたら出来あがり。好みで醤油を加えてもOK。

～教室の生徒さんの声から～

山本式の、ここがすごい！②

「野菜を茹でずに調理できるので、帰りが遅くなっても短時間で料理が完成します」
(T.H. さん)

人生で今が一番健康！念願の登山にも挑戦しています

「少量で作っても失敗しません」
(K.I. さん)

竹野千代子さん／ 64 歳

50 歳を過ぎたころから常に体が重く感じられ、毎日、憂鬱でした。検査の結果、「肝臓系も腎臓系も機能が低下している」とのことで、薬もたくさん服用しましたが、いっこうによくなりません。そんな私を心配してくれた方が、山本式の料理教室に誘ってくれたのです。

その時から毎日の食事を山本式にしていますが、少しずつ健康が回復していて、今では花粉症を除いて検査はすべて正常値です。どんなに食べても体重が 40kg を越えなかったのに、今は 53kg のベストウェイト。念願だった畑作りも始めましたし、最近は登山も楽しんでいます（以前の私を知っている人は、登山の写真を見せても信じません）。つくづく思うのは、体調が悪い時は、毎日の食を見直すことが大事だということ。健康であることの幸せを今、毎日、噛みしめています。

隠れ外食常習犯だった夫が「もう外食はできない」と絶賛

S.N. さん／ 60 歳

夫はここ数年、肝臓と腎臓がどんどん悪くなり、透析の一歩手前という状態でした。私は体にいいといわれる食事療法は何でも試しましたが、どれも夫の口に合いません。隠れて外食を繰り返し、自宅の夕食に手をつけないようになってしまった夫に悩み続けていた私を見かねて、友人が山本先生の教室に誘ってくれたのです。

初日に教室で教わった料理を家で作ったら、夫が「美味しい！」と絶賛。以来、晩御飯を楽しみに帰るようになり、今ではその味に慣れて「もう外食はできない」と言うほどです。それにつれて検査の数値も徐々によくなっていき、以前は山ほど飲んでいた薬が、少なくなりました。病院の先生も「どんな食事法を？」と驚かれています。何より、主人の体調がよくなり、疲れにくく、元気になったのが本当に嬉しいです。

「手が込んだ料理を作らなくても栄養のあるものができるので、助かります」

（S.T. さん）

「以前はいつも胃の調子が悪かったのですが、2年前に山本式を始めてからすごくよくなりました」

（龍留子さん／ 80 歳）

お弁当

常備菜

小松菜の煮びたし

失敗しようがないくらい簡単なのに、驚きの美味しさ！

材料（3人分）

小松菜	1把
油揚げ	1枚
オリーブ油	大2
塩	ひとつまみ
醤油	大1/2
みりん	大1/2

仕上がり目安

茎が青々してきて、表面に水分が出て来たら葉を入れる。

❶小松菜は茎と葉の部分におおまかに分ける。
❷予熱をしていない鍋にオリーブ油をひき、塩を振り、小松菜の茎の部分を入れる。蓋をして弱火にかけ、3分ほど加熱する。
❸小松菜の葉、細く切った油揚げをのせ、さらに3分ほど山本式で加熱。
※ここまでが山本式の基本の加熱法
❹醤油とみりんを加え、一煮立ちさせる。

ひき肉やお豆腐を入れれば主菜にも!

小松菜ときのこの卵とじ

卵をふわふわに仕上げるのが、コツ。春菊でも美味♪

材料（2～3人分）

- 小松菜 …… 1把
- 椎茸、えのきなどのきのこ …… 100g（えのきなら1パック椎茸なら3～4枚）
- オリーブ油 …… 大2
- 塩 …… ひとつまみ

- 醤油 …… 大1
- みりん …… 大1

- 卵 …… 2個

❶きのこ類は石づきを取って食べやすく切る。
❷きのこ、小松菜の順に重ね、P68の山本式で葉まで加熱。
❸醤油とみりんを入れ一煮立ちさせたら鍋の端に寄せてスペースを作る。卵を素材から出た水分にからませるように溶きながら加え、好みの固さに火を通す。

小松菜 ひとくちMEMO

小松菜に含まれるカルシウムはビタミン類とのバランスが良いので吸収率が高く、骨粗鬆症の予防に非常に役立ちます。

常備菜

夜食

小松菜とキムチの追い込み煮

鶏もも肉の代わりに、豚バラ、牛コマ、イカなどでも。

材料（4人分）

	小松菜	1把
	オリーブ油	大1
	塩	ひとつまみ
	鶏もも肉	1枚
A	醤油、みりん	各小1
A	おろしにんにく	小1/2
	メープルシロップ	小1/2
	木綿豆腐	1/2丁
	キムチ	80g前後

❶鶏もも肉は余分な脂肪を取り、一口大に切り分け、Aで下味をつけておく。
❷小松菜を、P68の山本式で加熱。上下を返し、小松菜を鍋から取り出す。
❸2の鍋に鶏もも肉を入れて焼き、メープルシロップを加える。
❹3の鍋に木綿豆腐を加える。好みでキムチを入れ、小松菜をもどして合わせる。

この茹で方なら
青臭さがなく
緑がキレイ!

ほうれん草のソテー

ほうれん草は必ず茹で調理を（P72 参照）。美味しい茹で方の極意を伝授！

材料（２人分）

ほうれん草……1把

- 椎茸……4枚
- オリーブ油……大1
- 塩……ごく少々

バター……大1
松の実、レーズン……大1〜2
塩、胡椒……適量

❶大きめの鍋にたっぷりのお湯を沸かし、お湯に対して0.5％の塩を入れ、ほうれん草を1株ずつ、茎から入れて茹でる。青々としたら、氷水または冷水にとって冷ます。あら熱が取れたら引き上げて、調理する直前に絞って食べやすい大きさに切る。
❷P48の山本式で椎茸を2分間、加熱。
❸2にほうれん草を加え、バター、松の実、レーズン、塩、胡椒を加え味をととのえる。

※小松菜を用いる場合は、茹でないでそのまま山本式にします。まずは椎茸の上に茎をのせて３分ほど山本式で加熱し、その後、葉をのせて更に１分山本式で加熱してください。

山本式・上級テク4

山本式・野菜の下処理のルール

◎ほうれん草は、必ず茹でましょう

P71のレシピでほうれん草を茹でるのは、続けて摂ると害があると言われているシュウ酸を取り除くためです。小松菜にはシュウ酸がそれほど多く含まれていませんので、茹でないでそのまま山本式で加熱しても大丈夫。

◎野菜はなるべく水にさらさない

例えばごぼうは食物繊維が豊富なため、水にさらすと食物繊維がたっぷり水を含んで固くなり、味を含みにくくなりますので水にさらしません。またじゃが芋はデンプンを抜きたい時以外は水にさらしません。ただし茄子はアクが強い場合は水にさらしますが、その場合は、しっかりと水気をふき取ってからオリーブ油をかけて下処理をしましょう。

◎皮つきが美味しいものもあります

人参、ごぼう、大根などは基本的には皮はむきません。それは野菜の皮に近いところに、特有の香りと機能性成分が含まれているからです。ただし農薬が気になる場合や、傷んでいるときには皮をむきましょう。また、ごぼうはたわしで洗ったり、包丁の背でこそぎ洗いせず、スポンジや布巾で丁寧に洗いましょう。

ごぼうのサラダ

ごぼうのサラダといえばせん切りですが、斜め薄切りの食感に驚くはず！

材料（2人分）

ごぼう……………………小1本
オリーブ油………………大1
塩…………………………少々
だし汁又は水………ひたひた

酢…………………………大1/2
はちみつ又はきび糖……大1/2
マヨネーズ………………大2
いりごま…………………適量
塩、胡椒…………………適量
好みでレタス、コーンなど

❶ごぼうは皮をむかず水にもさらさず（P72参照）、斜め薄切りにする。
❷予熱をしていない鍋にオリーブ油を入れ、塩を振り、ごぼうを入れて蓋をして弱火にかけ、10分ほど弱火で加熱する。
※ここまでが山本式の基本の加熱法
❸だし汁又は水、酢、はちみつ又はきび糖を加えて、煮汁がなくなるまで煮る。
❹あら熱を取り、マヨネーズ、いりごまを入れ味を見て塩、胡椒を加えて味をととのえる。

仕上がり目安
底に水分がたまっていればOK

冷凍
お弁当
常備菜

甘味料の量は
梅干しの酸味で調節。
味見をしながら
少しずつ足して!

梅ごぼう

梅干しの爽やかな酸味が、意外にもごぼうと好相性！

材料（3人分）

ごぼう……………………小1本
人参………………………小1/4本
オリーブ油………………大1
塩…………………………ひとつまみ

酢…………………………大1
はちみつ又はきび糖……大1

梅干し……………………大1/2
好みの甘味料（はちみつ又はきび糖又はメープルシロップなど）……適量

❶ごぼうは斜め薄切り、人参は花形に切り、P73の山本式で10分ほど加熱。
❷1に酢、はちみつ又はきび糖を加えて、煮汁がなくなるまで煮る。
❸梅干を裏ごしし、2に加えて味を見て、好みの甘味料を加えて煮からめる。

きんぴらごぼう

冷凍しても味が変わらないので、この倍量で作っても◎。蓮根でも美味♪

材料（4人分）

- ごぼう ……………… 小1.5本
- 人参 ……………… 小1/2本
- オリーブ油 ……………… 大1
- 塩 ……………… ひとつまみ

だし汁又は水 ……………… ひたひた
醤油 ……………… 大1/2
みりん大1/2～1（人参の甘さで調節）
いりごま ……………… 大1～1.5

❶ごぼうは皮はむかず4cmのせん切りにする。人参も4cmのせん切りにする。
❷ごぼう、人参の順に重ねて、P73の山本式で10分ほど加熱。
❸だし汁又は水を加えて3～4分煮る。醤油、みりんを加えてさらに煮る。
❹出来あがり際にいりごまを加えて混ぜる。

ごぼう ひとくちMEMO

ごぼうは解毒作用が高いので、海外では民間薬のように使われています。
実は、日常の料理に使うのは日本だけです。
イヌリンという栄養素も含まれ、腎臓病の予防にも効果的。

お弁当
常備菜

煮なます

なますが苦手な方も、歯ごたえが柔らかい山本式なら大丈夫。
カブならもっと甘くて美味♪

材料（４人分）

大根	1/8 本
人参	1/3 本
オリーブ油	大 1
塩	少々
酢	大 2
はちみつ又はきび糖	大 2
塩	少々

❶大根は皮つきのまま、せん切りにする。人参は大根よりやや細めのせん切りにする。
このとき、大根と人参の長さを揃えると美しく出来上がります。

❷予熱をしていない鍋にオリーブ油をひき、塩を振り、大根、人参の順に重ねる。蓋をして弱火にかけ、10分ほど加熱する。

※ここまでが、山本式の基本の加熱法

❸酢、はちみつ又はきび糖、塩を加える。

仕上がり目安

まだ箸にかからない程度の固さで、透明感はある状態

水で作った時に、
旨みが足りない場合は
昆布茶を少し足しましょう。

けんちん汁

栄養たっぷりのお味噌汁で、心も体も温めましょう。

材料（4人分）

大根	1/8 本
人参	1/3 本
ごぼう	1/3 本
胡麻油	大 1
塩	小1/5

木綿豆腐	1/2 丁
だし汁又は水	3 カップ
味噌	大 2 ～ 4
三つ葉	適量

❶木綿豆腐は水切りしておく。人参、大根は拍子木切りに、ごぼうはささがきにしておく。

❷大根、人参、ごぼうの順に重ね、P76の山本式で10分ほど加熱。（このレシピでは胡麻油がお勧め。）

❸２に木綿豆腐をくずして加える。だし汁または水を加え、味噌を溶き入れ、三つ葉をあしらう。

大根 ひとくち MEMO

体を温める作用が高く、風邪の予防やせきどめに効果的。消化酵素が多いので、胃腸の弱い方にもお勧め。大根を食べていれば食あたりしないことから、「当たらない役者＝大根役者」と名付けられたという説もあります。

常備菜

大根のふろふき風

フレッシュな食感が新鮮。カブでも美味♪

材料（４人分）

- 大根 ……………… 1/4 本
- オリーブ油 ………… 大 1
- 塩 ………………… 小 1/5

だし汁又は水 ……… ひたひた

【練りみそ】

かつお節 ………… 1/2 パック
ネギ小口切り ………… 1本分
味噌 ………………… 大 2
酒 …………………… 小 1

❶大根は5mm厚さの銀杏切りにする。
❷P76の山本式で10分ほど加熱。
❸別の鍋に酒と味噌を入れて弱火にかけ、火を止めてネギ小口切りとかつお節を加え、よく混ぜて練りみそを作る。
❹２の大根が少し透明になってきたら、だし汁または水を加えて10分ほど煮る。だし汁を用いずに水で作るときには、かつお節を1袋（3g程度）キッチンペーパーに包んで一緒に煮出すと、とても美味しく仕上がる。
❺火を止めて皿に盛り、練りみそを添える。

大根と豚バラの煮物

山本式の大根なら、煮込んでも煮くずれなし。

材料（４人分）

	大根	1/4 本
	オリーブ油	大1
	塩	小1/5
	豚バラ肉	100g
A	醤油	小1
A	はちみつ又はきび糖	小1/2
A	おろし生姜	小1/3
B	醤油	大1
B	はちみつ又はきび糖	小1
B	おろし生姜	小1/3
B	酒	大1
B	だし汁又は水	1カップ

❶大根は5mm厚さの銀杏切りにする。豚バラ肉は食べやすく切り、Aで下味をつける。

❷大根、豚バラ肉の順に重ね、P76の山本式で10分ほど加熱。

❸Bの調味料を加えて15分ほど煮る。

大根のクリーム煮

大根とクリームの相性にびっくり！カブならもっととろとろ。

材料（２人分）

大根……………… 1/4 本
オリーブ油…………… 大2
塩……………… ひとつまみ

ベーコン……………… 30g
だし汁又は水……… 1カップ
生クリーム……… 1/2 カップ

A 水……………… 大 3
A 葛粉……………… 大 1

塩、胡椒
あればチャービルやパセリ

❶大根は乱切りにする。ベーコンは細く切る。
❷大根をP76の山本式で15分ほど、加熱。途中10分たったところでベーコンを加える。
❸2にだし汁又は水、生クリームを加える。
❹Aを加えてとろみをつけ、塩、胡椒で味をととのえる。あれば、チャービルやパセリなどをあしらう。

生クリームを入れたら
手早く仕上げてね!

白菜のサバ味噌煮

山本式は白菜の、特に芯の部分の甘さを最大に引き出します！

材料（２人分）

白菜 ························ 1/4 株
オリーブ油 ···················· 大 1
塩 ························· 小 1/5

サバ味噌煮缶········· 100g くらい
（いわし味噌煮缶やさんま蒲焼缶などでも OK）

❶白菜は芯と葉の部分に分けて、４cmくらいに切る。
❷予熱をしていない鍋にオリーブ油をひき、塩を振り、芯を入れる。蓋をして弱火にかけ、６分ほど加熱する。
❸白菜の葉を重ねて更に５分ほど加熱。
※ここまでが、山本式の基本の加熱法
❹火を止めてサバ味噌煮缶を入れる。

仕上がり目安

芯に透明感が出てきて、水分がたまってきたら OK。

土鍋は温まるのに時間がかかるので、少し加熱時間を長めにしましょう。

夜食

白菜たっぷり鍋

白菜の一番贅沢な食べ方かも。ぽん酢を手作りすればさらに◎！（P24 参照）

材料（2～3人分）

- 白菜……1/4 株
- オリーブ油……大1
- 塩……小 1/5

豚しゃぶ肉……100 g

ぽん酢＋練りごま
ぽん酢＋ネギ塩たれ（P24 参照）など

❶白菜はP81の山本式で加熱。
※土鍋を用いる場合は割れを防止するため、仕込み水として大さじ３～４杯の水を入れて加熱しましょう。

❷鍋のスペースをあけて豚しゃぶ肉を入れる。さらに2～3分山本式を続ける。ぽん酢＋練りごまや、ぽん酢＋ネギ塩たれなどでいただく。

白　菜
ひとくち MEMO

白菜は、特に豚肉との相性がよく、豚肉のビタミンB1の吸収率を上げ、白菜のビタミンＣの吸収率を豚肉が高めます。
また白菜は肉の消化も助けるので、冬の鍋物には欠かせません。

夜食

厚揚げ、豆腐をプラスすれば
ボリュームアップ!

白菜カレーあんかけ

食べすぎてももたれない、体にやさしいカレー料理。キャベツかチンゲンサイでも美味♪

材料（2～3人分）

- 白菜 ……………… 1/4株
- オリーブ油 …………… 大1
- 塩 …………… ひとつまみ

カレー粉 ………… 小1～2

干し海老 …………… 大2
水（干し海老の戻し用）1カップ

葛粉 ……………… 大1

❶干し海老は水につけて戻す（戻し汁は捨てないこと）。
❷白菜はP81の山本式で加熱。
カレー粉を加え、一混ぜする。
❸2に干し海老を加える。
❹干し海老の戻し汁に葛粉を加えて溶き、3に加えてとろみをつける。

Special Talk

美味しい野菜料理は、人生を変える！

野菜と果物の正しい知識を広めるため、活発な講演・執筆活動を行っている髙上実氏（髙上青果有限会社代表）も山本式クッキングの大ファン。３人そろうと野菜＆健康トークが止まりません。

髙上実：（以下「髙」）（二人に）いつも美味しいお料理をご馳走していただいて、ありがとうございます。でもいつも不思議なんですが、食欲のない時に山本先生の料理をいただくと、帰り道にはもう空腹になってしまう。**「止まっていたおなかが動きだす」**感じになるんです。

山本千代子：（以下「千」）そうおっしゃる方は多いですよ。お教室で料理を召し上がると、青白かったお顔が、ピンク色になる方も多いしねえ。

山本智香：（以下「智」）山本式の食事には、**五臓六腑をきちんと動かす働きがある**からじゃないでしょうか。体の不調で悩んでいる方は、目新しい極端な解決法に走りがち。でも私は、健康な体のスタートは、まずはしっかり召し上がることからだと思います。

千：また自然界はよくできていて、季節季節に、五臓六腑を動かすような野菜が、ちゃーんと出てくるのよ。そういう旬の野菜を、栄養を壊さない山本式で四季おりおりに食べていれば、自然と体調がよくなりますよ。

髙：僕もまったく同じ考えです。高価なもの、特別なものを取り寄せる必要はひとつもない。その時にスーパーで売っている中で、一番安くてたくさんある旬の野菜が、一番の「薬」なんです。

智：でも今は流通が発達しているから、「安い野菜」と言うとみんな、特売品を買っちゃうかも…（笑）。

千：私が漢方を教わっていた渡邉武先生（薬学博士／日中医薬研究会）は、**「衣（ころも）にあわせて料理しなさい」**とおっしゃってた。

髙：長年、青果商を営んでいた僕の父も、言っていました。**「口が物を食べるんじゃない。肌が食べるんだ」**と。人間には、その季節に必

要な野菜を欲しがる本能が備わっている、ということですよね。

智：でも最近は「野菜さえ食べていれば健康になる」という極端な考え方の人もいるのが、心配。食生活はやはりバランスが大事。体の調子を整えるには季節の野菜はもちろん、肉、魚もきちんと召し上がっていただきたいの。

千：動物の歯は自分の体に合った食物を噛む形にできているのよ。犬は肉を食べるのに、牛は草を食べるのに適した歯になっている。そして人間は、肉、魚、穀類、野菜のどれも食べられる歯が備わっているんです。

高：人間の体は、いろいろなものを食べるように作られているんですね。

千：そして健康になるためには、「美味しく作る」ことが本当に大事ね。美味しいものを食べると、心がほわっとしてきて、内臓の働きもゆっくりになるでしょう。すると、栄養が吸収されやすくなるんですよ。

智：**美味しさは最高の吸収剤**、というのが母の口癖だから（笑）。

高：そうか、食べてすぐおなかがすく理由は、それかもしれないですね。

Profile

山本千代子（やまもと・ちよこ）写真・右
料理研究家。自身が考案した「山本式調理法」に基づいて、「心と身体の料理学」の教室を主宰する傍ら、特産品開発、地産地消レシピなどを手掛け、地域の活性化にも尽力している。

山本智香（やまもと・ちか）写真・左
料理研究家。小学生から母の料理教室で助手を務め、西南学院大学卒業後は教室運営に携わりつつ日本女子大学通信教育課程・家政学部食物学科を卒業。

髙上実（たかじょう・みのる）写真・中央
髙上青果有限会社代表取締役。「野菜と果物を処方する青果屋さん＝ドクターベジフル」の異名も。
著書『ママ、なぜ野菜を食べなきゃいけないの？』（三空出版）のほか、純度の高さにこだわった加工品の開発なども手掛けている。
（ドクターベジフル webサイト：http://dr-vegefru.com/）

第4章

山本式カッティング・マジック

Cutting

山本式のカッティングは、同じ野菜が驚くほど、
食べやすく美味しくなる方法。
おぼえておくと、一生の宝物になります。

絶対涙が出ない＆辛くない
玉ねぎの切り方

❶まず、薄く切り込みを入れます

涙が出ないようにするには、玉ねぎの組織をつぶさずに切ることが最大のポイント。最初に薄く切り込みを入れれば、後で叩き切りをしなくても細かいみじん切りができます。根元から3cmほど残し、包丁の刃先を入れ手前にひくイメージで、すべらせるように切ります。

❷みじん切りにします

玉ねぎを、根元が左になるように置きなおし、なるべく小さくみじん切りにしていきます。この時も、包丁はすべらせるように向こうに動かし、決して押しつぶすように切らないことが重要。

❸角度を変えながら、最後まで

最初に入れた切り込み部分がなくなってきたら、玉ねぎがまな板につく面を変えながら、根元ぎりぎりまで切り込みを入れ、2と同じ要領で小さくみじん切りにします。

動画でチェック！

【涙が出ない！甘くておいしい玉ねぎの切り方】

URL：http://youtu.be/Dr5Ea9qbF1M

ラクに切れて美味しい
大根のせん切り

❶ まず、切りやすい長さの輪切りに

4～6cmに切り、切った面を上にして目的に合った幅に切ります。包丁は刃先を最初に入れ、根元で切り終わるようにすべらせながら切ります。

❷ ずらしながら、せん切りに

切り終わったものをまとめて90度向きを変えて、トランプを広げるように左にずらします。左から右に向かって重なっているので、軽く手を添えるだけでずれません。右から目的の太さに切りますが、包丁は刃先から根元に向け、すべらせながら切ります。

❸ 慣れてきたら…

刃先をまな板につけたまま包丁を前後にすべらせながら切り進みます。刃先が固定されているのでぶれにくく、大根の高さしか刃先が上がらないので疲れにくく、左手を切る危険性も少ない安全な切り方です。

※❸の方法は、包丁の刃が真っすぐな菜切り包丁や中華包丁では不可能なので注意。

動画でチェック！

【おいしい大根の切り方】

URL : http://youtu.be/MyVQ8DKndsY

苦手なピーマンが
好きになる切り方

❶ヘタの反対部分を押さえる

ピーマンは縦半分に切ったら、ヘタを自分に向け、ヘタと反対の部分を上にしてそこに左手を添えます。これはヘタと反対の固い部分を固定させることで、切りやすくなるからです。

❷押しつぶさずに切る

皮を上にして、包丁を刃先から根元にすべらせるようにして切ります。この時、押しつぶしたり叩き切ったりすると、閉じ込められていたピーマンの苦み成分が出て来るので注意。包丁をすべらせるように切りましょう。

❸慣れてきたら…

こちらも大根と同じように、慣れたら刃先をまな板につけたまま、切っていきます。テコの原理で、力を入れなくてもスムーズに切れます。

動画でチェック！

【甘さが引き立つピーマンの切り方】

URL : http://youtu.be/8konTKDMPuU

ゴーヤの苦みを旨みに 変える切り方

❶わたは残し、種だけ取り除きます

上下を切り落としたら、縦半分に切り、種だけを竹串などで取ります。わたにも旨み成分が含まれているからですが、食感がお嫌いな方は取り除いても OK です。

❷ 45 度の角度で斜め切りに

切った面を下にしてまな板に垂直に置き、ゴーヤを斜め 45 度の角度で薄切りにします。輪切りにするとゴーヤの繊維が断ち切られ、苦み成分が出やすくなるためです。

❸ 刃先から根元にすべらせるように

押しつぶさずに切ることが重要なので、刃先を当てたらそのまま向こうにすべらせるように包丁を動かします。包丁の根元がまな板につくと同時に切り終わるイメージです。

動画でチェック!

【苦味がなくなるゴーヤの切り方】

URL：http://youtu.be/vanQ9N8yH_M

第5章

メニューに困った時こそ

何も
思いつかない！

困った時の
山本式
じゃが玉人参

これで
ひとあんしん

Easy Cooking

「メニューを考える気力がわかない…」
そんな日は、誰にでもあるもの。
そんな時、「山本式」なら、台所にいつもある
あの野菜でマジックを起こせちゃいます！

基本の じゃが玉人参

加熱時間は野菜の新鮮さや、野菜の大きさによるので、慣れない間は５分ごとに蓋を開けて、確認することをお勧めします。

基本のじゃが玉人参

これだけでも美味しく食べられ、しかもさまざまな「おかずの素」に！

材料（４人分）

玉ねぎ……１個
じゃが芋……２～３個
（男爵なら3個、メイクイーンなら2個）
人参……1/２本
オリーブ油……大２
塩……小1/３

❶玉ねぎ、じゃが芋、人参は、食べやすい大きさに切る。

❷予熱していない鍋にオリーブ油をひき、塩を振って、玉ねぎ、じゃが芋、人参の順に重ねる。なるべくぴったりしまる蓋をして15～25分程度弱火にかけて素材に火が通ったら完成。

ここがポイント！

火の通りにくいものから先に入れます。焦げやすい人参は上に。

こんなに使える！

◎醤油、マヨネーズをかけてそのままおかずに。
◎水を足して市販のシチューのルウを入れると、ワンランク上のシチューに！
◎スイートコーンの缶詰、塩、生クリームでコーンシチューに。
◎じゃが芋は冷凍できませんが、里芋、南瓜に替えると冷凍可能です。

展開 1

お弁当

常備菜

夜食

ドイツ風じゃが玉人参

にんにくは山本式で調理するとホクホクになり、芋と間違えるほど。

材料（4 人分）

P92 の「基本のじゃが玉人参」

ベーコン又はソーセージ‥‥200g
にんにく ‥‥‥‥‥‥‥‥‥ 1かけ
塩、胡椒

❶玉ねぎは 1 cm 幅のくし切り、じゃが芋は 1 cm 厚さの輪切り、人参は 5 mm 幅の輪切りにし、P 92 の山本式で 10 ～ 20 分ほど加熱。

❷ 1 の野菜に八分通り火が通ったら（まだ少し固さが残っている状態）、ベーコン又はソーセージ、にんにくスライス又はおろしにんにくを野菜の上にのせ、さらに 5 分ほど山本式で加熱する。

❸野菜に十分火が通ったら胡椒を振り、味を確かめる。ベーコン、ソーセージの塩分だけでは薄いようなら、塩を振る。

ここがポイント！

お芋にまだ菜箸が通らない固さの時に、
ベーコンかソーセージを入れます。

展開 2

お弁当

常備菜

肉も野菜も絶品！肉じゃが

お芋がホクホク、お肉がしっとりなのが「山本式・肉じゃが」！

材料（4人分）

P92の「基本のじゃが玉人参」

牛肉 ……………… 150 g
酒 ……………… 大1～2
だし汁又は水 ………… 適量
醤油 ……………… 大1～2
みりん ……………… 大1～2

生姜せん切り ………… 適量

❶じゃが芋は大きめに切る。人参は乱切り、玉ねぎはくし形に切る。P92の山本式で10～20分ほど加熱。
❷牛肉は食べやすい大きさに切り、酒をかけておく。
❸1にだし汁又は水を野菜の高さの半分程度加え、醤油、みりんを加える。
❹中火にして、だし汁が煮立ってきたら火を弱め、10分ほど煮る。
❺牛肉を1枚ずつ加えて火を通したら、5分ほど煮て味をなじませる。
❻生姜のせん切りをあしらう。

ここがポイント！

牛肉は一度に入れず、1枚ずつ分けて火を通すと柔らかく仕上がります。

展開３

あっという間のミネストローネ

缶詰とマカロニを足すだけで“食べるスープ”が完成！

材料（4人分）

A	玉ねぎ	1個
	じゃが芋	1個
	人参	1/2本
	あればセロリ	1/3本
	オリーブ油	大2
	塩	小1/3
B	ローリエ（月桂樹の葉）	1枚
	無添加のトマトジュース２カップ＋水３カップ（またはホールトマト缶１カップ＋水４カップ）	
	缶詰か水煮の大豆、ひよこ豆など	1/2カップ
マカロニ		40g
塩、胡椒		

❶ Aの野菜は1〜2cm角に切り、P92の山本式で10〜15分ほど加熱。

❷ 1にBを加えて15分ほど煮る。

❸ 2に乾燥マカロニ（別茹でしなくてOK）を加えて、中火よりやや弱火でマカロニの茹で時間分煮る。塩、胡椒で味をととのえる。

常備菜

夜食

ここがポイント！

マカロニは乾燥したまま入れると、スープを吸ってさらに美味しくなります。

野菜もお肉も最高に美味しいカレー

山本式のカレーは、野菜がジューシー！お肉にも美味しいヒミツが！

材料（4人分）

P 92の「基本のじゃが玉人参」

水 ………………… 4カップ
カレールウ … 1袋（150 g位）
あればチャツネ、マーマレード、柚子茶など …………… 大1
牛肉薄切り ………… 150g
オリーブ油 ………… 大3～4
塩、胡椒

❶野菜は大きめに切り、P92の山本式で25分ほど加熱。

❷野菜に火が通ったら水、カレールウ、チャツネ又はマーマレード、又は柚子茶を加え中火にし、煮立ってきたら火を弱め、5～10分ほど煮る。

❸牛肉は塩、胡椒で下味をつける。予熱をしていないフライパンにオリーブ油をひき、牛肉をのせる。火にかけて中火よりもやや弱火で軽く炒め、カレーに加え、5分ほど煮る。

ここがポイント！

牛肉は弱火でじっくり火を通し、九分通り火が通ったところでカレーに入れると、カレーを吸ってなじみがよくなります。

展開 5

常備菜

夜食

しっとりチキンのポトフ

しっとり柔らかい鶏肉と野菜のマッチングが美味！野菜不足を感じた時にどうぞ。

材料（4人分）

A	玉ねぎ	2個
	じゃが芋	3個
	人参	1本
	オリーブ油	大2
	塩	小1/3
	鶏もも肉	1枚
	塩、胡椒	
B	水	6カップ
	ローリエ（月桂樹の葉）	2枚
	塩	小1/2

好みで塩、胡椒、粉チーズ、パセリなど

❶Aの野菜は大きめに切り、P92の山本式で20分ほど加熱。

❷鶏もも肉は塩、胡椒をし、大きめに切る。

❸1の鍋に鶏肉をのせてさらに10分ほど山本式を続ける。

❹3の鍋にBを加える。中火にかけて沸騰したら火を弱めて、アクを取り、そのまま20分、できれば1時間ほど煮る。

❺塩、胡椒で味をととのえ、粉チーズやパセリのみじん切りを好みであしらう。

ここがポイント！

鶏肉の厚い部分に、包丁を寝かせて開くように切れ目を入れると、フワフワの食感に。

第6章

山本式＊不動の黄金レシピ

Best Recipe

母が料理教室を創設したのは、昭和41年のこと。以来48年間、さまざまなレシピの研究、改良を続け、誕生したレシピの数は、今ではもう母にも私にも把握できないほど。その中でも特に生徒さんから好評で「繰り返し作っている」「家族の大好物」と言っていただいている、いわば「黄金レシピ」があります。その中から特に厳選した３品を紹介します。

人参
五月の人参は可愛い！
人参の葉ん脱帽！
酢橘
ミカン科
かぼす
橙の仲間
何んと豊かな柑橘類でしょう。

山本式・筑前煮

お弁当

常備菜

山本式の特許を申請したレシピは肉じゃがでしたが、山本式を普及させるのに一番功績のあった料理は、この筑前煮ではないでしょうか。野菜の旨みを最大限に引き出す方法を研究し続けて到達した、最高の筑前煮だと思っております。最も多くの方に喜ばれたレシピのひとつであり、母にとっては一番大切なレシピ。「山本式」の原点は、この筑前煮にあるといっても過言ではありません。ぜひお試しください。

◎筑前煮 （4 ～ 6 人分）

材料

こんにゃく……1/ 2枚
ごぼう……1/ 2本
蓮根……1/ 2節
人参……1/ 2本
里芋……小３～4個
オリーブ油……大１
塩……小1/ 5

鶏もも肉……150g
酒……大1
塩……ひとつまみ

みりん……大1～2
水……1/4 カップ

きぬさや……４枚
生姜……適宜
好みで醤油

最初に入れるのは、こんにゃくとごぼう。

次に蓮根、人参を重ねます。

最後に里芋を入れ、山本式で加熱。

❶こんにゃくは少量の塩（分量外）で塩もみし、水で洗い流して一口大にちぎる。ごぼう、蓮根、人参はスポンジで丁寧に洗い、傷んだところは皮をむいて一口大に切る。里芋は皮をむいて一口大に切る。鶏肉は一口大に切って、酒、塩で下味をつける。生姜は細く切る。

❷予熱していない鍋に油をひき、塩を振り、こんにゃく、ごぼう、蓮根、人参、里芋の順に重ねて蓋をし、15 ～ 20 分ほど山本式で加熱。

❸里芋がまだ少し固いうちに、里芋の上に鶏肉をのせ、みりんと水を加え再び蓋をして 15 分ほど弱火で加熱する。

❹鶏肉に火が通ったら上下を返して、さらに 10 ～ 15 分ほど弱火で煮る。途中で鍋を振って上下を入れ替えながら味を含ませる。

❺茹でたきぬさやと生姜のせん切り、好みで醤油を加えて味をととのえる。

重ねていくだけ！八宝菜

八宝菜はその名の通り、野菜や肉、魚介類、卵と材料が多いため、本来はいくつも鍋を使わないと作れません。でも山本式なら鍋ひとつでOK。しかも材料を次々に重ねていくだけなので簡単で失敗なし。さらに中華料理店にも負けない味で、驚かれるはず。

お弁当

常備菜

◎八宝菜　（２～３人分）

材料

- 玉ねぎ……1/2個
- 干し椎茸（もどしたもの）……2枚
- ゆでたけのこ……1/6本
- カラーピーマン……1/2個
- 白ネギ……1本
- アスパラガス……2本
- 海老……4尾

A
- オリーブ油……大1
- 胡麻油……大1
- 塩……小1/4

B
- 豚ひき肉……100g
- 酒……小1
- 生姜汁……小1/2
- 卵白……大1
- 玉ねぎのみじん切り山本式（P53参照）大2
- 小麦粉……大2～4
- 塩、胡椒

C
- だし汁又は水……1カップ
- 塩……小1/4～1/3
- 葛粉……大1

うずらの卵（ゆでたもの）　4個

最初に、玉ねぎとゆでたけのこから入れます。

❶玉ねぎは食べ易い大きさに切る。ゆでたけのこは薄切り、椎茸はそぎ切り、カラーピーマンは乱切り、白ネギは斜め切りにする。アスパラガスは根元の部分のみピーラーで薄く皮をむいて３～４センチ位に切る。海老は背わたと殻を取り、海水くらいの塩分濃度の塩水で洗い、水気を拭き取る。

次に、椎茸とカラーピーマンを重ねます。

❷Bを混ぜ、小さめの団子に丸めておく。

❸Aの油と塩を鍋に入れ、1を８～12分ほど山本式で加熱。この時、玉ねぎ、ゆでたけのこ、椎茸、カラーピーマン、白ネギ、アスパラガスの順に重ね、最後に2と海老を重ねるのがコツ。

❹うずらの卵を加え、Cでとろみをつけたら出来あがり。

白ネギとアスパラガスの後に、肉団子と海老を重ねます。

山本式＊不動の黄金レシピ

肉より野菜が美味！すきやき

すきやきは普通、お肉の取り合いっこになるものですが、山本式のすきやきは野菜が絶品！お肉の旨みが染み込んだ野菜が美味しすぎて取り合いになり、最後にお肉が残ってしまうことがよくあります。残ったお肉は次の日にうどんにのせたり、山本式の玉ねぎと卵でとじて丼にしたりと何倍にも楽しめます。

すきやき （4人分）

材料

白ネギ …………………………… 4本
白菜 ……………………………… 8枚
椎茸 ……………………………… 8枚
オリーブ油 ……………………… 大3
塩 ………………………………… 小1/3

A
だし汁又は水 ………………… 2カップ
醤油 ……………………………… 大6～8
メープルシロップ ……………… 大2～4

糸こんにゃく ………………… 200g
厚揚げ（がんもどき、豆腐でもOK）‥ 300g

牛肉 ………………………… 400～600g

ここは絶対にメープルシロップを使ってください。はちみつではクセがあり、砂糖ではお肉が固くなり、みりんでは旨みが足りないことがあります。

❶白ネギは6cmくらいに切り、斜めに切る。白菜は芯と葉の部分に切り分けて4cmくらいに切る。椎茸は石づきを取り、2つか3つにそぎ切る。糸こんにゃくは塩もみしてから水で洗い流し、適当な長さに切っておく。

❷予熱をしていない鍋にオリーブ油をひき、塩を振って、白菜の芯、白ネギ、椎茸を入れる。蓋をし、10分ほど山本式で加熱。

❸白菜の芯に火が通ったら白菜の葉を重ね、更に5分ほど山本式を続ける。

❹3にAを加える。厚揚げ、糸こんにゃくを入れて味を含ませる。

❺4に牛肉を一切れずつ入れて火を通す。アクが出たらすくうと、すっきりした味わいに。

ここがポイント！

まず白菜の芯と白ネギを入れます。

次に椎茸を入れて、蓋をし加熱。

白菜の芯に火が通ったら、葉を重ねてさらに加熱します。

山本式・上級テク5

山本料理教室の愛用＊調味料＆グッズ

山本式は、調理法も調味料も超シンプル。だからこそ、いい道具、いい調味料を使うと、ぐんと味に差がつきます。

◎グッズ編

鍋　関西軽金属工業㈱の三段鍋セット

蓋の密閉性が高く、熱効率がよいので山本式向き。写真の物は、現在は製造中止。復刻を熱くリクエスト中です。

器　小石原焼の太田熊雄窯

良い土で造られた器に活けた花は、花もちが断然良いというデータがあるとか。ならば、良い土で造られた器に盛った料理は、美しさもさることながら味も良くし、扱う人のたたずまいも美しくしてくれる、と信じています。写真は私の大好きな太田孝宏先生、太田光廣先生の作品。

本

「プーさんのお料理読本」（文化出版局）

８歳の時に母が買ってくれた初めての料理本。幼いながら、このレシピでおもてなしをするのが好きでした。文字ばかりですが、この本が料理を作る上で大切な想像力を育ててくれたのかも。

「調理の科学」（三共出版）

料理は科学。日本女子大で学んだ日々での実感です。こうした参考書には、レシピ本にはない知恵が詰まっています。

◎調味料編

コラビータ ピュアオイル
エキストラバージンオイルの香りが苦手な方にもお勧めできる、クセのないオリーブオイルです。和食にも合いやすく、お手頃なお値段も嬉しい。

山本千代子の蔵出し一本酢
静置発酵させた酢とはちみつを原料に、母のレシピで作ったまろやかな調味酢です。そのままでおいしい酢の物、寿司飯が作れます。

ホワイトバルサミコ
素材の色を邪魔しない、フルーティな香りのバルサミコ酢です。スイーツやフルーツにかけて、お洒落な一皿を演出できるのも嬉しいんです。

極楽きび糖
山本式でははちみつをよく使用していますが、はちみつ特有のクセや香りが苦手な方には、ミネラル豊富でコクのあるきび糖がお勧め。

吉野葛
料理のとろみづけには片栗粉、というのが一般的ですが、もっと美味しくするには葛粉がお勧め。吉野本葛なら最高ですが、お住まいの地域のものでも、もちろんOKです。

やさい屋さんの生姜黒蜜
ドリンク用シロップですが、生姜汁の代わりに使っています。煮魚の仕上げに数滴落としたり、醤油と同量で割って、生姜焼や照焼にしたり。

第7章

なぜそうなるの？

Why?

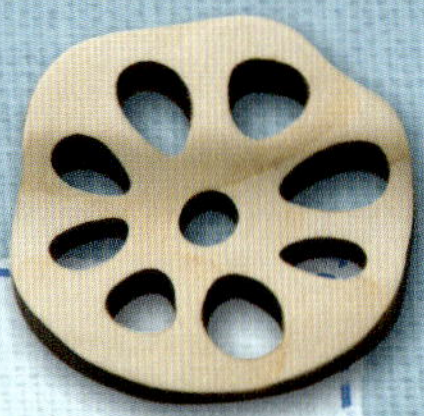

Q1　なぜ**簡単に美味しく**なるの？

Q2　なぜ、食べ続けると
どんどん健康になっていくの？

Q3　どうして**調理時間にゆとり**ができるの？

ここまで山本式調理法を見て、その簡単さに驚かれた方も多いでしょう。
そして「なぜこんな簡単な方法で、いろいろなメリットがあるの？」
という疑問をお持ちの方も多いと思います。
そこでこの章では、そうした疑問に、ひとつひとつお答えしていきます。

Q1

なぜ簡単に美味しくなるの？

「山本式で調理した料理は
上品な味になり、
胃にやさしく感じる」
（河野康市さん／46歳）

「アクが旨みに
かわるのが素晴らしい」
（森壽泰さん／60歳）

「外食をしても
『山本式の方が美味しい』
と感じてしまいます」
（下川年恵さん／57歳）

「料理下手なのですが、
山本式だと不思議に
美味しいと自分でも思う」
（I.T. さん）

美味しくなる理由①

野菜のアクが、旨みに変わる

野菜に含まれるポリフェノールは、空気中の酸素の攻撃を受けると身を守るための物質を作り出します。それがいわゆる「アク」。つまり、ポリフェノールの酸化を防ぐことが、アクを発生させない最大のポイントなのです。山本式調理法では、油と塩と水蒸気で素材を低温下でコーティングするため、素材の細胞が酸化しにくくなるのが特徴。だから野菜本来の成分であるポリフェノールがアクに変わることなく、より一層美味しく味わえるのです。

通常の調理

アク抜きで野菜本来の香りが抜けやすくなるほか、高温により酸化した油で覆われ、旨みや香りを感じにくくなります。

山本式だと!

ポリフェノールがアクに変わりにくいため、野菜本来の香りや旨みを楽しめます。

心地よい
食感が残る

山本式で調理した野菜は、完全に火が通っているのにベチャっとならず、シャキシャキした心地よい食感が残ります。

これは高温で加熱すると野菜の水分を保つ細胞壁が壊れるのに対し、山本式で加熱すると70度～80度くらいに保たれ、むしろ細胞壁の接着力が強くなるためと考えられます。時間がたっても水分が出にくいため、お弁当や常備菜にも向いています。

通常の調理

高温で加熱するため、野菜の細胞が壊れ、水分と旨みが出てしまいます。

山本式だと！

野菜の細胞壁の接着力が強まるため、旨みが逃げず、しかもシャキシャキした食感が残ります。

美味しくなる理由③

効率的・均等に味がつく

山本式では最初に油と塩を入れ、蓋をして弱火で加熱するので、油と塩の成分や野菜の風味を含んだ水蒸気が、完全ではないものの密閉された鍋の中に満ちます。その水蒸気に含まれた微量の油分と塩分が、野菜の細胞の奥深くに浸透するため、効率的に味がつきます。また野菜の間を通って蓋に到達した水蒸気は、やがて水滴となって素材から鍋底に戻り、また水蒸気となります。これが繰り返されるうちに本来の味がより一層濃くなり、全体に均等にしっかりと味がつくことになるのです。

「少量の調味料でも
すぐしみて艶が出て
おいしそうに見えます」
（相浦京子さん／65歳）

「何でも味がよくしみて、
短時間で美味しくなります」
（佐藤由芙子さん／66歳）

美味しくなる理由④

薄味でも美味しいので、素材の味がわかる

山本式では野菜自体の水分を利用して加熱するため、汁もの以外では通常の調理の際に加えるほどの量の水分を必要としません。また、P110で申し上げたように酸化しにくくなるため、野菜のアク特有の嫌な味が気になることが少なくなるので、通常の調理の量ほどの調味料を必要としなくなります。

そのため濃い味でごまかす必要もなくなり、野菜本来の豊かな味と馥郁（ふくいく）とした香りを楽しめるようになります。

「そのままでもおいしいので、
特別な調味料を
使わなくなりました」
（平川寧子さん／68歳）

「塩とオリーブ油だけで
なぜこんなに美味しくなるのか、
いまだに不思議です」
（寒川弘美さん／47歳）

Q2

なぜ、食べ続けると
どんどん健康になっていくの？

「骨密度（カルシウム量）が
増えていき、『年々若くなっている』
と驚かれました」
（井上久子さん／74歳）

「体がだんだん
若くなってきているのを
はっきりと感じます」
（堀實枝さん／81歳）

「美容院で
『髪の質がしっかりしてきた』
と言われました」
（K.S.さん）

「風邪をひき寝込むことが
多かったのですが、
今はほとんどありません」
（稲富暢子さん／81歳）

健康になる理由①

素材が酸化しにくい

食品を加熱すると酸化反応が起こり、過酸化脂質が発生しやすくなります。過酸化脂質を過剰に摂取すると体内の細胞が攻撃されて老化が進み、生活習慣病などの原因になりがちです。

山本式では、蓋をして軽い密閉状態で加熱するため、鍋の中はほぼ水蒸気で満たされます。また加熱中に素材を混ぜながら加熱することがほとんどないので、酸素に触れることが少なく、過酸化脂質が発生しにくいと考えられます。

台所の換気扇の汚れの原因は、
酸化した油。
私が山本式を考案する
きっかけでした。

ビタミンなどの栄養素が壊れにくい

通常の調理のように高温で加熱した場合、熱に弱いビタミンは失われる上、水で茹でた場合は、水溶性のビタミン類も水に溶けて失われます。

これに対して、山本式調理法では、通常の調理の温度よりも低い温度で調理する上、野菜自体が持つ水分を利用して加熱するため、水溶性のビタミンでも、失われる量が少なくなります。さらに適量の油を使うため、脂溶性ビタミンやミネラルの吸収も期待できます。

良質の油を
健康の味方にしましょう。
酸化させないことも大切♪

健康になる理由③

自然に減塩、減糖できる

ご本人やご家族の生活習慣病リスクが高く、減塩、減糖に苦労されているご家庭は多いと思います。そうした方々にこそお勧めしたいのが、山本式調理法です。野菜嫌いな方は濃い味付けでごまかしがちですが、山本式の野菜料理は野菜そのものが美味しくなるため、濃い味でごまかす必要がありません。そのため、どなたでも気づかないうちに自然に、薄味を好むようになります。その結果、無理なく減塩、減糖が可能になるのです。

野菜本来の甘みを
引き出せば、
減糖はらくらくです！

Q3

どうして調理時間にゆとりができるの？

山本式は弱火で加熱するため、あっという間に焦げ付いたり、ふきこぼれてしまったり、という急激な温度変化は起こりません。そのため鍋につきっきりで見守る必要がなく、ときどき様子を見るだけで大丈夫。その間に、片づけものや洗いもの、食卓の準備、ほかの調理など、時間を有効に使うことができます。

料理をする人の心にゆとりができると、見ている家族にも心のゆとりができます。お子さんたちにも「料理は楽しいもの」という何よりの食育にもなるでしょう。ただし、火にかけていることは絶対に忘れないで。

「弱火での調理は、ゆったりした気持ちで調理ができます」
(S.A. さん)

「火力調節が不要なので、焦がす心配がなく気が楽」
(T.K. さん)

「複数のおかずが同時に作れるので助かります」
(S.S. さん)

山本式クッキング、
スタート！
待ってる間に
洗い物が済んじゃう♪
まだ時間があるから
もう1品、
作っちゃった♪
火についてなくていいから
テーブルセッティングも
できた！

そのほか、こんなメリットも！

◎ガス代や調味料代の節約

山本式にすると、ガス代が大幅に節約できます。わが家では週に２回の料理教室でガスを使い、普通に自宅用で使っていても、暖房を使わない季節は一か月数千円程度。もちろん、オール電化のキッチンでも同じこと。電気代がぐっと節約できます。

また調味料をたくさん使わなくてもおいしくできるので、調味料代の節約にもなります。

◎キッチンが汚れない！

蓋をして弱火で調理するため、油はねがほとんどなく、また換気扇の汚れも少ないのが山本式の特徴です。

◎エコ

ガス使用量が少ないということは、CO_2 の排出量も少ないということ。また一つの鍋で完成する料理が多いうえ、鍋に焦げ付くことが少なくなるので、洗いものが断然、楽になります。洗いものが楽になるということは、使う水の量も捨てる水の量も減らせるということ。つまり、さまざまな面で地球環境にも貢献できるのが、山本式の調理法。ご家庭の台所から、自然に、楽に、我慢せずにエコ活動を始められるのです。

山本式は、日本の調理法が発展していく方向を示す調理法だと思います

（西昭徳さん／53歳）

「山本式は、お子様の未来のための省エネ調理法です」

山本千代子

山本式調理法はごく弱火で材料に火を通す調理法ですので、光熱費が節約できるのはもちろん、限りある資源を大事に使うことができます。特許申請当時（平成６年）は地球温暖化の問題は一般的には認識されていませんでしたが、私は当時から、地球温暖化の問題は家庭レベルでも考え、実践するべきと考え呼びかけてまいりました。特に震災後のエネルギー問題で、今ほどこの調理法がお役にたてる時代はないと考えております。どうぞ、お子様たちの未来のためにも、この調理法をお役立てください。

第8章

～専門家に質問！～

「弱火で蒸し加熱」することのメリットは、何ですか？

お聞きした人

渋川 祥子先生

PROFILE

しぶかわ・しょうこ　1936年生まれ。広島県出身。お茶の水女子大学家政学部食物学科卒業。横浜国立大学教育学部助教授、横浜国立大学教育人間科学部教授を経て現在、横浜国立大学名誉教授。農学博士（東京大学）。日本学術会議連携会員。「加熱上手はお料理上手」（建帛社）「調理科学」（同文書院）ほか著書多数。

ビタミンはなぜ、熱で壊れやすいのですか？

A．熱によって、酸化しやすくなるからです

壊れやすいビタミンのNo.1はビタミンCですが、「熱で壊れやすい」というより「熱を加えると酸化しやすくなる」というほうが正確です。「酸化」とは「酸素と結びつくこと」であり、ビタミンCは酸化により効力を失ってしまいます。野菜などを切った後、長時間放置するとビタミンCの効力が減少しますが、これは空気に触れることで空気中の酸素と結びつきやすくなるためです。

熱でビタミンの効力が失われやすくなるのは、熱で酸素の動きが活発になり、ビタミンCと酸素が結びつきやすくなるためです。ただし、お芋に含まれているビタミンCは、加熱しても壊れにくいという特徴があります。これは芋類に含まれるビタミンCがデンプンに守られていて、酸素に触れにくいからです。

ビタミンが特に失われやすいのは、どんな加熱法ですか？

A．茹で調理は、ビタミンが失われやすい加熱法のひとつです

水溶性のビタミンは水の中に流出しやすいので、茹で調理はビタミンが失われやすい加熱法のひとつです。一般に野菜は長く茹でるほど水溶性ビタミンの残存率は低くなり、旨みなど溶け出す成分も多くなるというデータがあります。

加熱する際、ビタミンを壊れにくくするにはどうすればいいのですか？

A．蒸し加熱がお勧めです

「水は少なく」「加熱温度は低く」「加熱時間は短く」という条件を守れば、ビタミンは壊れにくくなります。一般にこの条件に近いのが、蒸し加熱です。野菜類はどのような方法でも、加熱することで組織が軟化して柔らかくなり、かさが減るのでたくさん摂ることができるようになります。そして蒸し加熱にすると栄養素（特にビタミン）の損失が少ないばかりでなく、その他の旨み成分の損失も少ないので美味しくなるというメリットがあります。

「野菜をたくさん食べる人には健康な人が多い」ということは、疫学調査で証明されている事実です。野菜を摂る量別に類別して比較すると、（もちろんその中でもばらつきはありますが）野菜をたくさん摂っている群のほうが健康な人が多いのです。生野菜にも貴重な栄養が含まれていますが、まとまった量を摂り続けるためには、蒸し加熱を上手に利用することをお勧めします。

蒸し加熱は、熱の伝わり方が効率的だと聞きましたがなぜでしょう？

A．蒸気は素材に、より多くの熱を伝えるからです

蒸し加熱では、水（液体）が加熱されることでエネルギー（潜熱）を得て蒸気（気体）に変わります。この蒸気は冷たい素材に触れると水に戻りますが、その時に素材にたくさんの熱を伝えます。ですから同じ温度でも、蒸し料理のほうが効率的に熱を伝えることができるのです。

強火の蒸し加熱と、弱火の蒸し加熱の違いは何ですか？

A．火が強すぎると蒸気が外に逃げ、効率が低下します

ぴったり閉じる蓋をし、密閉した状態で加熱すると、野菜から出た水分が蒸気となって熱を伝えやすい状態となり、野菜を加熱します。そして野菜や鍋肌の温度の低い部分に触れた蒸気は、また水分に戻って鍋底に落ち、もう一度蒸気を作ります。その循環が起こるので、蒸し加熱ではほんの少しの水分で効率的に加熱ができます。

ただしこの時、火が強すぎると蓋から蒸気が外に逃げてしまい、熱が無駄になってしまいます。鍋から蒸気が出ない程度の火加減にするほうが、鍋の中の水分を効率よく循環させることができるのです。

野菜を弱火で蒸し加熱すると、どうなりますか？

A．柔らかくなりにくい性質のペクチンが増えます

野菜を低い温度（50℃～60℃）に保つと、その後、高い温度で加熱しても柔らかくなりにくくなります。野菜の固さを左右するのは主に、植物に含まれるペクチンという物質の性質ですが、低い温度で加熱すると、柔らかくなりにくい性質のペクチンが増えるためです。

この性質を逆手にとって利用すれば、お浸しなどの野菜料理の歯ごたえを残したり、大根、芋類などの煮くずれを防いだりすることができます。最初に60℃くらいの温度を少し保ち、それから高温で加熱するといいのです。

蒸し加熱の前に鍋に油をひくことには、どんな意味がありますか？

A．焦げ付きを防ぎ、コクを与えます

まず、焦げ付きを防ぐことができます。弱火といっても、火に接している鍋底はあっという間に300℃くらいになりますから、水分が少ない野菜などは水蒸気が出る前に焦げてしまう場合があります。でも油があると直接触れないので、焦げ付きを防ぐことができるのです。

また、人間が本能的に美味しいと感じるのは「糖」と「油」。野菜も油が少しでも入ると、コクが増して美味しく感じるようになります。

なぜ弱火だと、省エネになるのですか？

A．鍋底からはみだす炎の損失がないからです

強火だと、熱効率が悪くなるからです。「熱効率」とは、「熱源の熱を、鍋がどれくらい受けて利用しているか」ということ。強火の場合、鍋以外に炎がはみ出してしまいます。はみ出した炎の熱は鍋ではなく、周囲の空気を温めているだけですから、その分が無駄に使われているわけです。
その点、炎が鍋底から出ない程度の弱火は、無駄がないので熱効率がいいのです。

より省エネできるのは、どんなお鍋でしょう？

A．熱を保つ性質の大きい材質の、厚手の鍋がお勧めです

熱を保つ性質が大きい材質のお鍋、例えば厚手の鍋（多層の鍋や鋳物の鍋）や土鍋などがお勧めです。温まるのに少し時間はかかりますが、一度温まると、火を小さくしても高熱を保つことができます。火からおろしても加熱し続けるので、レンジの火口が少ない場合など、効率的にお料理ができます。

土鍋などはそのまま食卓に出せるのも、いい点ですね。ただ土鍋の場合、製造する時の焼き締めが甘いと空焚きに弱いので、それだけは注意。叩いてみて澄んだ音がすれば、大丈夫です。

あとがき

山本料理教室の前で、母・山本千代子と。

最後まで読んでくださって、ありがとうございました。いかがでしたか？

「ずいぶん簡単な料理ばかり」と思われた方も多いかもしれません。そうであれば、まさに私の願い通りです。

この本のレシピは、まず多くの方に、簡単に、美味しく滋養のある料理を作っていただけるように、山本式の料理の中でも特にシンプルなものを中心に選びました。

簡単で嬉しい、と思ってくださった方、ぜひ今すぐに、作ってみてください。

どうか、ご覧になるだけで満足しないでくださいね。

毎日、確実に料理を作って、それを召し上がっていただくこと、これがとても大事なのです。

現代に生きる女性は、大変です。

毎日、世界中の料理をテレビで見ることができ、食と健康に関する情報があふれています。それらを見ていると、自分が何を作ったらいいのか、何を食べたらいいのか、わからなくなってしまうと思います。

そして、たくさんの美味しそうな料理がデパ地下やスーパーにあふれていて、それに比べると自分で作った料理は、レパートリーが少ない、見栄えがしない、スタンダードでない、味が違うような気がする──そんな風に悩まれている方が、とても多いのではないでしょうか。

でも、「良い料理」とは何でしょう？

「料理はその人の健康を支え、体を作り、心を穏やかにさせるもの」

というのが、山本式調理法の原点です。

このことを忘れてしまうと、ただ高価なもの、珍しいもの、手がかかっただけのもの、または逆に、安いもの、簡単に作れるものを良い料理だと勘違いしてしまいます。

毎日の食事が簡単に作れて、滋養に富み、美しく仕上がり、美味しいこと。

そして、その一皿が、お料理を召し上がったあなたの大事な方の笑顔の素になること。こんなに嬉しいことが、ほかにあるでしょうか。

山本式調理法には、母・山本千代子の「食養があるべき姿」をかたちづくりたいという信念が詰まっています。

だからこそ、山本式調理法によるオリジナルレシピが簡略化されないように、平成９年に第2722050号「食物の調理方法」として特許を取得し、自分の責任の及ぶ範囲で、この方法をお教えしてきました。

その後、特許の更新を取りやめましたが、これは平成23年3月11日の東日本大震災をきっかけに、もっと多くの方々にこの「山本式」を広めなければならない、と痛感したためです。

未曾有の大震災によって、今まで日本では後回しにされてきたエネルギー問題に目を向けざるを得なくなりました。
私どもは、山本式調理法が日本の多くのご家庭で実践されれば、エネルギー問題の解決につながる、ということを強く信じています。

さらに世界中でこの方法が実践されれば、世界が変わるとさえ思っています。

この本が、手に取ってくださったあなたと、あなたの大事な方のしあわせの種になること、そして日本の将来をよりいっそう輝かせる力となることを心から願ってやみません。

最後になりましたが、この本を出版するにあたって多くの方々にお力をお借りしました。
　山本式調理法がよりわかりやすくなるようにまとめてくださった桑原様、読みやすく美しいデザインを構成してくださった前原様、山本式調理法を世に出したい、という強い信念のもとに出版をお決めくださった株式会社三空出版の植木様、安永様、大変お忙しい中、大切なお時間を割いてくださり、科学的なわかりやすい解説をしてくださった渋川先生、野菜ひとくちMEMOにより、一層本書を充実させてくださった高上様、料理の美味しい瞬間を、美しい写真におさめてくださった戸高様、本当にありがとうございます。

そして、これまでお教室に通ってくださった全ての方々はもちろん、今も楽しみにいらしてくださる方々に、厚く御礼を申し上げます。

また、山本式調理法を長年応援してくださっている株式会社平田ナーセリーの平田雅典社長、山本式調理法にかかせない調味料をご紹介くださる株式会社ヘルスコガ、石光商事株式会社、グッド有限会社、「おいしくて体に良いものを」の理念のもと、将来を担う子供たちの健康と日本の米を守る活動に導いてくださる株式会社唐房米穀、山本千代子の考えを蔵出し一本酢として形にしてくださった株式会社庄分酢、料理をより美味しくする、用の美にあふれた器をご提案くださる太田熊雄窯の皆々様、そして、渡邊武先生の門下生、小林正明氏に、心より感謝を申し上げます。

故人でいらっしゃいますが、母を食養の道に導いてくださった渡邊武先生に「医食同源のスピリットの一端を皆様にお伝えできた」とご報告できるのも嬉しい限りです。

そして、誰より山本式調理法の考案者である母に、ありがとうと伝えて、あとがきとさせていただきます。

笑顔の素としあわせの種で彩られ、滋養に満ちた一皿。
あなたのお手元で出来あがりますように。

平成26年4月吉日　　　　山本智香

ラクなのに美味しい **驚異の弱火調理法**

2014年5月6日初版発行
2020年3月10日第4刷発行

監修　山本千代子
著者　山本智香

野菜メモ監修・協力　髙上実
構成・取材　桑原恵美子
デザイン　前原正広
写真　戸高慶一郎
イラスト　毛利みき

発行者　川口秀樹
発行所　株式会社三空出版（みくしゅっぱん）
〒102-0093 東京都千代田区平河町 2-12-2-6F-B
TEL：03-5211-4466　FAX：03-5211-8483
https://mikupub.com

印刷・製本　シナノ書籍印刷株式会社

Printed in Japan
ISBN　978-4-944063-62-8